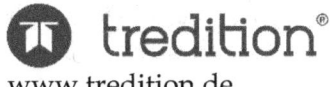
www.tredition.de

Roland Lampe

„… kehrte ich bei Hempel ein"

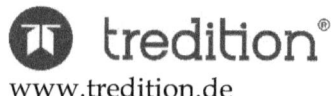
www.tredition.de

© 2017 Roland Lampe

Verlag und Druck: tredition GmbH, Hamburg

ISBN
Paperback: 978-3-7439-5045-0
Hardcover: 978-3-7439-5046-7
e-Book: 978-3-7439-5047-4

Das Werk, einschließlich seiner Teile, ist urheberrechtlich geschützt. Jede Verwertung ist ohne Zustimmung des Verlages und des Autors unzulässig. Dies gilt insbesondere für die elektronische oder sonstige Vervielfältigung, Übersetzung, Verbreitung und öffentliche Zugänglichmachung.

Umschlagfotos: R. Lampe

Zweite, verbesserte Auflage

Inhalt

Vorbemerkung	6
Autoren vor 1933	8
Autoren von 1933 bis 1945	32
Autoren seit 1945	84
Quellen und weiterführende Literatur	112
Nachbemerkung	114
Verzeichnis der Autoren	116

Vorbemerkung

Oranienburg, ein Ort der Literatur? Die Stadt mit ihren heute über 40.000 Einwohnern und den acht Ortsteilen hat eine wechselvolle Geschichte hinter sich, aber stets waren Autoren hier zu Hause, wurden hier geboren, lebten und starben hier oder machten hier Station.

Bekannte Namen wie Friedlieb Ferdinand Runge, Hoffmann von Fallersleben und Theodor Fontane, den eine seiner „Wanderungen durch die Mark Brandenburg" nach Oranienburg führte, Friedrich Wolf und Inge und Heiner Müller aus Lehnitz sind darunter, aber auch Namen, die heute kaum noch jemand kennt, Nico Rost zum Beispiel und Gunther R. Lys.

Die bekanntesten gegenwärtigen Autoren sind Wieland Förster aus Wensickendorf, Giwi Margwelaschwili und W. Michael Blumenthal, der in Oranienburg geboren wurde und seit 2000 Ehrenbürger ist.

Sie alle hatten beziehungsweise haben eine intensive, sie prägende oder zumindest sie beeinflussende Beziehung zum Ort.

Nicht vergessen sind die Schriftsteller und Journalisten, die in den Konzentrationslagern Oranienburg 1933/34 und Sachsenhausen 1936 bis 1945 inhaftiert waren. Zu ihnen zählen Erich Mühsam, der im KZ Oranienburg ermordet wurde, Ehm Welk, Martin Niemöller und der Verleger Peter Suhrkamp.

„… kehrte ich bei Hempel ein", das ist ein Zitat von Hoffmann von Fallersleben aus seiner Autobiographie „Mein Leben" (1868). Hoffmann befand sich 1844/45 auf der Flucht vor den preußischen Behörden nach Mecklenburg, und bei Friedrich Hempel, dem damaligen Oranienburger Bürgermeister, konnte er seine Bibliothek zwischenzeitlich lagern.

Dieses Buch erscheint in zweiter, verbesserter Auflage, die erste Auflage 2016 fand in Oranienburg und darüber hinaus ein erfreuliches Echo.

Zwei weitere Bücher veröffentliche ich zeitgleich: „‚Da lag er vor uns, der buchtenreiche See ...'" und „‚Dennoch, das Haus bezauberte mich ...'". Mit ihnen stelle ich die Autoren vor, auf deren Spuren ich mich im Landkreis Oberhavel – außer Stadt Oranienburg – begab.

Autoren vor 1933

„Ich bin den 14. August 1769 zu Oranienburg an der Havel geboren, woselbst mein Vater als Stadt-Inspektor oder Stadt-Controlleur (wie diese Herren damals genannt wurden) angestellt war." Mit diesen Worten beginnt **Friedrich Dulon**, der berühmte Flötenvirtuose, seine Autobiographie, die 1807 unter dem Titel „Dülons des blinden Flötenspielers Leben und Meynungen von ihm selbst bearbeitet", herausgegeben von Christoph Martin Wieland, in Zürich erschien.
Dulons Vorfahren stammten aus der französischen Schweiz, der Vater Louis Dulon wurde 1741 in Potsdam geboren, wo er zunächst als Goldschmied und später als „Accise-Bedienter" (Steuerbeamter) tätig war, bevor er mit seiner Familie aus beruflichen Gründen nach Oranienburg zog. Die Mutter, 1736 in Küstrin geboren, hatte aus erster Ehe eine Tochter.
Zwei Ereignisse waren für Friedrich Dulon in Oranienburg prägend, er erblindete und seine Liebe zur Musik erwachte.
„Das erste merkwürdige Ereigniß", seine Erblindung, trug sich ungefähr sechs Wochen nach seiner Geburt zu. „Es zeigten sich nämlich", schreibt er im Kapitel „Meine Geburt und Erblindung, auch etwas über wahre und falsche Augenärzte", „kleine Geschwürchen an den Thränen-Drüsen. Die Sorgfalt meiner Eltern rieth ihnen eine Zuflucht zu einem Arzt zu nehmen; nur giengen sie gerade vor lauter Vorsicht nicht vorsichtig genug hiebey zu Werke, und so ließ sie mein Unglück einem Menschen in die Hände fallen, der von der Arzneykunde so wenig verstand, daß es für ihn und mich besser gewesen wäre, gar nichts davon zu wissen."
Der Arzt verordnete nämlich, so Dulon, „statt innerlicher Mittel, wodurch die Unreinigkeit vor den Augen wäre abgeleitet worden, allerley Salben, welche auf dieselben gelegt werden mußten, und machte dadurch das Uebel immer ärger. Die unausbleibliche Fol-

ge hievon war, daß sich die Augen endlich ganz und gar verschloßen; und als ich sie des neunten Tages darauf zum ersten Male wieder öffnete, zeigte sich die schreckliche Zerstörung derselben."

Entsetzt zogen die Eltern in Berlin sofort die berühmtesten Ärzte zu Rate, allein, „alle weitere Hilfe war vergebens. Indeß half alles Jammern und Wehklagen zu nichts; mein Loos war geworfen, und man mußte sich darein ergeben."

Im folgenden Kapitel „Meine Kinderjahre" erzählt der Autobiograph, wie sich sein musikalisches Gehör entwickelte. „Ich weiß die Zeit nicht genau zu bestimmen; indessen muß ich wenigstens mein viertes Jahr zur Hälfte zurückgelegt haben, da ich mich von Oranienburg noch so mancherley zu erinnern weiß, wovon ich weiter nichts mittheilen will, als daß ich bereits Spuren von meinem Gedächtniß, wie auch von meiner Lust und Anlage zur Musik zu erkennen gab. [...] Denn wenn sich von außen her ein Ton hören ließ, so musste man mich sogleich ans Fenster bringen und es öffnen, und nun hörte ich mit gleicher Aufmerksamkeit dem Gesang der Nachtigall wie dem Krähen des Hahns, einem musikalischen Instrument wie dem Horn des Hirten oder des Nachtwächters zu."

Zudem hatte er eine alte Wärterin, eine Kinderfrau, die von „der guten Mutter Natur mit einer nicht übeln Stimme zu singen begabt war. Sie wußte, da sie dem Siebenjährigen Krieg als Marketenderin mit beygewohnt hatte, viele Soldatenlieder auswendig", die sie ihm vorsang. „Ihr eigentlicher Name war Mövius, von uns Kindern aber wurde sie Memme genannt. So oft ich nun des Nachts vom Schlaf erwachte, rief ich ihr zu: Memme singen! Wozu das gute alte Weib sich dann immer willig finden ließ. Auch lernte ich bald ihre Lieder instinktmäßig nachsingen. So viel von Oranienburg."

1773 wurde der Vater nach Havelberg versetzt, 1777 zog die Familie nach Stendal weiter.

Im selben Jahr (1777), da war er acht Jahre alt, erhielt Dulon den ersten Flötenunterricht von seinem Vater, der ihn mit Werken von Johann Joachim Quantz und Georg Philipp Telemann heranbildete. 1781 bis 1786 unternahmen Vater und Sohn ausgedehnte Konzertreisen in zahlreiche deutsche Städte sowie durch die Schweiz, Holland und England.

Bald galt Dulon als technisch versierter Virtuose mit hoher musikalischer Auffassungsgabe und phänomenalem Gedächtnis. Sein Repertoire umfasste die wichtigste Flötenliteratur der Zeit, zum Markenzeichen seiner Soli wurden kunstvolle Triller von ungewöhnlich langer Dauer, die beim Publikum Begeisterung, bei der Kritik teilweise aber auch Ablehnung hervorriefen.

1789 hielt er sich in Tübingen auf und unterrichtete dort für kurze Zeit den Dichter Friedrich Hölderlin im Flötenspiel. 1796 nahm er eine Stellung als kaiserlicher Kammermusiker in Petersburg an. Seine letzten Lebensjahre verbrachte er in Würzburg, wo er 1826 starb.

Seit 1832 lebte der Chemiker **Friedlieb Ferdinand Runge** (1794-1867) in Oranienburg, nachdem er seine Universitätslaufbahn in Breslau beendet hatte. Er arbeitete viele Jahre als technischer Leiter der Chemischen Produktenfabrik, die im Schloss untergebracht war, und entdeckte u. a. das Phenol und das Anilin. Auf Anregung Goethes wies er in Kaffeebohnen das Koffein nach. Zudem erfand er eine haltbare Tinte, eine Keramikglasur für Öfen und die so genannte Oranienburger Kernseife.

Als Publizist – rund fünfzig Bücher und größere Aufsätze in Zeitschriften stammen aus seiner Feder – legte er großen Wert darauf, „allgemeinverständlich zu schreiben" und so für die „Gemeinnützlichkeit zu wirken".

Ein Beleg dafür ist die Broschüre „Das Gift in der deutschen Sprache, ausgetrieben von F. F. Runge", mit der er 1856 gegen den „unnützen Fremdkram", wie er es nannte, gegen den Einfluss anderer Sprachen also, in diesem Fall hauptsächlich der französischen und italienischen, auf die „reine, edle deutsche Sprache" ins Feld zog.

In der Einleitung bereits fuhr er schweres Geschütz auf, indem er konstatierte, dass „in dem wahren Augiasstall", zu dem „unsere Sprache" geworden sei, „nur noch die Mistforke des tiefdringenden Spottes und Hohns etwas zu leisten vermag."

Anschließend schoss er sich auf die aktuelle Tagespresse ein. So wetterte er zum Beispiel gegen einen Kritiker der „Kreuzzeitung", der in einem Konzertbericht die Worte „virtuosität, bravour und original" verwendet hatte, forderte von der „Vossischen Zeitung", dass sie statt „Personal" „viele" schreibe – „viele Beamte und Arbeiter" – und schlug anstelle von „Beileids-Adresse" die Verwendung von „Beleid-Bezeigung" vor. „Adresse, ein Wort, das anstatt Aufschrift bei jedem lumpigen Brief gebraucht wird."

Mit aller Entschiedenheit widersprach er der Behauptung, dass die deutsche Sprache eine schwere Sprache sei. Ein Journalist hatte sie mit einer Knute verglichen, die italienische Sprache dagegen mit einem „weichen, biegsamen Reis". „Nun steh' uns bei!", so der erboste Runge, „die deutsche Sprache eine Knute! Jawohl, sie sollte sich täglich einmal darin verwandeln, um Denen um die Ohren zu sausen, die sie so heillos verunglimpfen, wie gewisse Herren über und unterm Strich."

Aber auch ein positives Beispiel fand der Streitbare und lobte die „Kölnische Zeitung", die geschrieben hatte: „Die Rheinfahrt von Mainz hierher wird der Schienenstraße keinen ernstlichen Mitbewerb bereiten." – „Mitbewerb! Hieran mögen sich die ein Beispiel nehmen, die stets nur concurrent und concurrenz schreiben oder sprechen."

Mit seinem Engagement stand er im Übrigen nicht allein da, seit Anfang des 17. Jahrhunderts bereits existierten literarische Vereine zur Pflege der Poesie und Sprache, die im Gefolge der erzieherischen Impulse der deutschen Aufklärung für die „Reinigung" der deutschen Sprache von Fremdwörtern, für eine einheitliche

Orthographie und Grammatik und für feste Regeln in der literarischen Produktion eintraten.
Allerdings blieb Runge in diesem Fall ein Einzelkämpfer, er sah sich gezwungen, seine Broschüre selbst herauszugeben, nachdem „in dem großen Berlin" viele Buchhändler ihren Verlag abgelehnt hatten – „Sie scheuen einen Kampf für die Muttersprache."
Ein weiteres Beispiel für seine publizistischen Bestrebungen sind die 1866/67 erschienenen „Hauswirthschaftlichen Briefe", die neben Erinnerungen an seine Jugendzeit praktische Ratschläge für Hausfrauen enthalten. In einer Rezension der „Annalen der Landwirtschaft" wurde ihm freilich vorgeworfen, „nicht selten die Grenze zwischen dem Volksthümlichen und dem Trivialen" überschritten zu haben.
Nach seinem Ausscheiden aus der Fabrik 1852 lebte der Chemiker in bescheidenen Verhältnissen – die Stellung in der Fabrik war ihm nach einem Konflikt mit der Witwe und Erbin des letzten Besitzers Eduard Cochius gekündigt und die Rente gestrichen worden – in der Mühlenstraße 29, heute Sachsenhausener Straße 23. Die „armselige Hütte" wurde in den 1950er Jahren abgerissen.
Aus seinen wissenschaftlichen Entdeckungen hatte er keinen finanziellen Nutzen ziehen können, und obwohl er bei seinen Mitmenschen sehr beliebt war, erkannten sie den Wert seiner Leistungen nicht. Fachliche Anerkennung wurde ihm nur aus dem Ausland zuteil, und auch das nur in späteren Jahren.
1867 starb F. F. Runge in Oranienburg. Sein Grab befindet sich auf dem Städtischen Friedhof in der Dr.-Kurt-Schumacher-Straße, das Gymnasium in der Willy-Brandt-Straße und eine Buchhandlung tragen seinen Namen. In der Sachsenhauser Straße steht seit 1994 die Runge-Plastik von Stephan J. Möller und im Kreismuseum im Schloss ist in einem Raum eine ständige Ausstellung zu Leben und Werk zu besichtigen – darunter, mit einem hellblauen Umschlag versehen, ein Exemplar des „Giftes in der deutschen Sprache".

Heinrich Hoffmann von Fallersleben (1798-1874), der u. a. den Text des Deutschlandliedes und viele bekannte Kinderlieder dichtete („Alle Vögel sind schon da", „Ein Männlein steht im Walde"), traf am 27. Februar 1844 in Oranienburg ein, um seinen Freund F. F. Runge zu besuchen. Sie waren Kollegen an der preußischen Universität in Breslau gewesen und hatten dort zu den Gründungsmitgliedern der „Zwecklosen Gesellschaft", einem Zirkel kritischer Wissenschaftler, gehört.
Hoffmann war aus Berlin ausgewiesen worden und befand auf dem Weg nach Mecklenburg ins Exil. Anlass für die Ausweisung war seine Teilnahme an einer öffentlichen Feier zu Wilhelm Grimms 58. Geburtstag am 24. Februar des Jahres. Die Berliner Studenten, die mit einem Fackelzug Grimm, den Literaturwissenschaftler und Märchensammler, ehrten, ließen auch Hoffmann, den Verfasser der „Unpolitischen Lieder", hochleben. Das kränkte nicht nur Wilhelm Grimm, sondern rief auch die preußischen Behörden auf den Plan, die die Hochrufe als politische Demonstration werteten und dem Dichter bereits am nächsten Morgen den Ausweisungsbefehl überbrachten.
Die „Unpolitischen Lieder" waren 1840/41 in der für Lyrik enormen Auflage von 12.000 Exemplaren erschienen. In diesen Gedichten prangerte Hoffmann die politischen Zustände in Deutschland an, die von Vielstaaterei, Bürokratie und Zensur geprägt waren. Ihre Veröffentlichung hatte ihm bereits im Dezember 1842 sein Amt als Professor für Germanistik an der Universität in Breslau gekostet und zu einem unsteten Wanderleben geführt.
Der Dichter blieb zwei Wochen F. F. Runges Gast, genau gesagt dreizehn Tage, denn 1844 war ein Schaltjahr. Was die beiden Männer und Freigeister in dieser Zeit wohl getrieben haben?
Am 10. März verließ er die Stadt wieder in Richtung Mecklenburg. „Man hatte mir auf der Post gesagt, wenn ich mit der Rostocker Schnellpost bis Löwenberg führe, so könne ich von

dort bequem und schnell in die Schweriner Gegend kommen", berichtet er detailliert in seiner Autobiographie „Mein Leben. Aufzeichnungen und Erinnerungen" (1868-1870) über die Reise. „Von Löwenberg war allerdings eine Verbindung dahin, aber eine sehr schlechte. Ich fuhr die Nacht durch über Rheinsberg und kam gegen Mittag des folgenden Tages (11. März) in Wittstock an. Kurz vorher fragte ich den Postillon, ob denn die Post weiter ginge. Ja, erwiderte er, da können Sie sich erst Wittstock mal recht ansehen – die Post geht abends um 11 Uhr weiter. Schöne Aussicht: Zwölf Stunden in Wittstock!"

Am 12. März gegen 8 Uhr abends, nach zwei Tagen Reisezeit, betrat er zum ersten Mal mecklenburgischen Boden. Dort erhielt er im Juli 1845 das Heimatrecht und wurde im August aus der preußischen Staatsbürgerschaft entlassen.

Mitte Mai 1845 kam er noch einmal nach Oranienburg, um sich um seine Bibliothek zu kümmern, eine bedeutende Gelehrtenbibliothek, die inzwischen von Breslau hierher transportiert und bei Friedrich Hempel – Oranienburgs Bürgermeister von 1837 bis 1845 – untergebracht worden war.

„In Oranienburg kehrte ich bei Hempel ein. Er war so gütig gewesen, meine Bücher zu beherbergen und beherbergte jetzt mich selbst. Hempel hatte sein Bürgermeisteramt aufgegeben, er wollte nicht länger ein Handlanger der Polizei sein", erinnert Hoffmann in seiner Autobiographie.

Johann Friedrich Wilhelm Hempel (1810-1883) war der Neffe von Johann Gottfried Hempel (1752-1817), der 1802 das Oranienburger Schloss vom Königlichen Hofmarschallamt mit der Verpflichtung gekauft hatte, hier 50 Webstühle zur Baumwollfabrikation zu betreiben. 1814 richtete Georg Friedrich Albrecht Hempel (gest. 1836), der Sohn Johann Gottfried Hempels (und Cousin Johann Friedrich Wilhelm Hempels), gemeinsam mit dem Apotheker Johann Heinrich Julius Staberoh die Chemische Produktenfabrik im Schloss ein, deren technischer Leiter F. F. Runge 1832 wurde. Carl Gustav Hempel wiederum, nach dem eine Straße in Oranienburg benannt ist, war ein Philosoph. Er wurde 1905 in Oranienburg geboren und starb 1997 in Princeton/USA.

Erneut erhielt er eine Einladung seines Freundes Runge. „Den 22. Mai gab Runge eine große Gesellschaft, die er ein ‚großes Zauberfest' nannte. Es waren zweiundzwanzig Personen eingeladen, außer den Herren auch Frauen und Fräulein, und er sorgte auch heute dafür, dass sich keine Langeweile blicken ließ."
Seine Bibliothek, die inzwischen in Kisten eingepackt in Birkenwerder lagerte, holte er erst im Januar 1846 ins Mecklenburgische. Er benötigte sie dringend, da er begonnen hatte, ein „Deutsches Volksliederbuch" zusammenzustellen.
Nach verschiedenen Lebensstationen, u. a. gab er in Weimar im Auftrag des Großherzogs eine literaturwissenschaftliche Zeitschrift heraus, war Hoffmann zuletzt ab 1860 Bibliothekar der Schlossbibliothek in Corvey an der Weser, wo er 1874 an den Folgen zweier Schlaganfälle starb.

1861 besuchte **Theodor Fontane** (1819-1898) die Stadt, der Verfasser der „Wanderungen durch die Mark Brandenburg". Dieses Buch bzw. diese Buchreihe – bis 1882 erschienen vier Bände – war auch der Anlass für den Ausflug, Ziel war das Schloss.
In den Morgenstunden des 28. Mai brach die Reisegesellschaft mit der Postkutsche in Berlin auf. Mit von der Partie waren der Verlagsbuchhändler Adolf Enslin und Wilhelm Hertz, der Verleger der „Wanderungen", der von der Reiseidee so begeistert war, dass er die Kosten übernahm.
Zunächst fuhr man auf einer der heute noch üblichen Routen an Tegel vorbei bis an den „romantischen Sandkrug" in Glienicke, wo eine Pause eingelegt wurde. Die zweite Etappe, eine „anderthalbstündige Fahrt an Tannenholz und Dörfern vorbei", führte über Hohen Neuendorf, Birkenwerder und Havelhausen direkt bis zum Schlossplatz in Oranienburg.
Hier quartierte man sich im Hotel „Eilers", dem Gebäude des früheren Rathauses zwischen Berliner und der Breiten Straße, gegenüber dem Schloss, ein. Sofort fühlte sich Fontane wohl. „Da sitzen wir denn auf der Treppe des Hauses, die sich nach

rechts und links hin zu einer Art Veranda erweitert, und freuen uns der Stille und der balsamischen Luft, die uns umgeben."
Aber er war ja nicht gekommen, um sich zu erholen, und er war auch nicht unvorbereitet, fleißig hatte er bereits Friedrich Ballhorns „Geschichte der Stadt Oranienburg" von 1850 und andere Quellen studiert, so dass er das betreffende Wanderungs-Kapitel ausführlich mit der Geschichte des Schlosses seit seiner Einrichtung durch Louise Henriette 1651 bis hin zur damaligen Gegenwart 1861 beginnen lassen konnte.
Er entsann sich auch der Jahre, in denen er „als Kind dieses Weges kam und von Platz und Brücke aus ängstlich nach dem unheimlichen alten Bau herüberblickte, der, grau und verkommen, in Qualm und Rauch dalag wie ein Gefängnis oder Landarmenhaus." Gemeint war die Zeit ab 1832, in der das Schloss die Chemische Produktenfabrik unter der Leitung von Friedlieb Ferdinand Runge beherbergte und Fontane Gymnasiast in Neuruppin war (1832/33).

Noch ragt der Bau, doch auf den breiten Treppen
Kein Leben mehr, kein Rauschen seidner Schleppen,
Die alten Mauern stehen öd' und leer,
's sind noch die alten und – sie sind's nicht mehr.

Vierzeiler am Anfang des Kapitels „Schloß Oranienburg" in den „Wanderungen" 1861

Am gleichen Tag noch machte sich der märkische Wanderer auf, die Schlossräume persönlich in Augenschein zu nehmen, um nach den Spuren der Vergangenheit zu forschen. Die fand er hauptsächlich in dem „nach West und Norden zu gelegenen Hinterflügel", wo er „noch einer zusammenhängenden Zimmerreihe aus der Zeit König Friedrich I." begegnete.
Zwei Zimmer, die „jeweils die beiden Grenzpunkte der ganzen Reihe" bildeten, weckten sein besonderes Interesse, ein größeres,

repräsentatives mit drei Balkonen, das „aller Wahrscheinlichkeit nach Wohn- und Lieblingszimmer" Friedrich I. (1657-1713), des Sohnes von Louise Henriette, gewesen war, und ein kleineres, von dem er nicht wusste, ob es einst als Porzellangalerie oder als „Empfangs- und Gesellschaftszimmer, wo die fürstlichen Personen unter Hinzuziehung ihres Hofstaates den Tee einzunehmen pflegten", gedient hatte. Nach dem Studium des Deckengemäldes entschied er sich „zweifellos" für das „Teezimmer", heutzutage wird es allerdings als das ehemalige Porzellankabinett angesehen. Am Abend nach vollbrachter Arbeit saß er wieder auf der Veranda des Hotels und blickte, „während die Sonne hinter Schloß und Park versinkt, [...] in Bilder und Träume gewiegt, [...] durch die Umrahmung der Bäume in das Bild abendlichen Friedens hinein."

Am nächsten Tag, dem 29. Mai, machten sich die Reisegefährten wieder auf den Weg, um über Kremmen und Fehrbellin nach Neuruppin zu gelangen, wo Fontane seine Mutter besuchen wollte.

„Die Ausbeute in Oranienburg war ziemlich bedeutend", meldete er zwei Tage später seiner Frau Emilie in Berlin. Und in der Tat, im November 1861 bereits ging „Schloss Oranienburg" in die erste Buchausgabe der „Wanderungen" ein. 1880 wurde das Kapitel dem Band „Havelland" zugeordnet.

„Mein Arbeiten sind das Beste, was über die betreffenden Dinge und Personen existiert, weil eben nichts existiert als das, was ich darüber gesagt habe", schrieb er in einem Brief vom 24. November 1861 in einer Mischung aus Stolz und Selbstironie an Wilhelm Hertz. „Hierher rechne ich Schloss Oranienburg ..."

Im Oranienburger Schloss wurde im Oktober 1861 – wenige Wochen nur, nachdem Theodor Fontane es besichtigt hatte – ein Königliches Lehrerseminar mit Seminarräumen und Internatsplätzen eingerichtet. Dabei wurden die Brandschäden, die noch aus der Zeit der chemischen Produktenfabrik stammten, beseitigt.

Ein Lehrerseminar diente der Ausbildung von Volksschullehrern. Die Seminare, die seit dem Beginn des 19. Jahrhunderts in Preußen ausgebaut wurden, integrierten für Bewerber ohne Abitur eine allgemeines Vorbereitungsstudium oder setzten eine dreijährige Ausbildung an einer Präparandenanstalt voraus.
Zuvor war der Zustand des Schulwesens desolat gewesen, die Unterrichtenden an Elementarschulen (Volksschulen), zumeist ehemalige Soldaten, Handwerker oder Studenten, besaßen in der Regel keine Ausbildung.

Von den insgesamt 2.240 Seminaristen, die bis 1925 das Oranienburger Seminar durchliefen, machten sich einige im späteren Leben als Schriftsteller einen Namen. Zu ihnen zählt **Albert Liepe** (1860-1917), der von 1877 bis 1880 dort studierte. Der Potsdamer schrieb u. a. die historischen Romane „Nathanael" (1900), „Die Spinne" (1902) und „Die Brüder" (1909). Er starb während des Ersten Weltkrieges in einem Lazarett.

Ebenfalls Seminarist war **Otto Heinrich Böckler** (1867-1932), ein geborener Oranienburger. Er verfasste „vaterländische Schauspiele" („Die letzte Schlacht" 1903) und Lyrik („Brandenburgische Gedichte" 1920). Seit 1891 arbeitete er als Redakteur, u. a. bei der „Staatsbürger-Zeitung" in Berlin. Von 1903 bis 1907 war er für die Deutsche Reformpartei Mitglied des Deutschen Reichstags.

Der Uckermärkische Heimatdichter **Richard Sendke** (1855-1934) legte 1876 die erste Lehrerprüfung in Oranienburg ab. Ab 1877 war er Lehrer in Bagemühl bei Brüssow. 1879 bestand er auch das zweite Lehrerexamen am Oranienburger Seminar. Neben Gedichten und kurzen Geschichten, u. a. in plattdeutscher Mundart, schrieb er Sachbücher: „Der praktische Tabakbauer" und „Uckermärkisches Volkstum und lebendes Altertum" (beide o. J.).

Ab 1889 war dem Lehrerseminar in Oranienburg eine Präparandenanstalt zugeordnet. Die Ausbildung der Präparanden begann unmittelbar nach dem Ende der Volks- beziehungsweise Mittelschule und stellte somit die untere Stufe der Volksschullehrerausbildung dar.
Die Anstalt befand sich im Gegensatz zum Lehrerseminar nicht im Schloss, sondern in einer gemieteten Villa in der Poststraße, dem heutigen Sitz des Landratsamtes.

Einer der Präparanden war **Hanns Meinke** (1884-1974), wie Sendke ein Uckermärker. Er wusste bereits als Kind, dass er einmal ein Dichter werden wollte, entschied sich jedoch zunächst für den Lehrerberuf, der ihm ein sicheres Einkommen bot. Nach seinem Volksschulabschluss 1896 – da war er zwölf Jahre alt – ging er nach Oranienburg, wo man ihn auf das Lehrerseminar in Neuzelle vorbereitete.
Als Volksschullehrer arbeitete Meinke schließlich in verschiedenen Orten des Kreises Crossen an der Oder (heute Polen) und der Mark Brandenburg. Er lehrte meist in abgeschiedenen Dörfern, die ihm viel Ruhe zum ungestörten Dichten boten.

„Sehr geehrter Herr Meinke! Ich danke Ihnen für das Vertrauen, mit dem Ihr junger Enthusiasmus einem Fernen seine Erstlinge schickt. Aber selbst, wenn ich sie Ihnen ‚putzen' wollte, ich könnte es garnicht! Zu solcher Arbeit, um mich Ihnen richtig verständlich zu machen, gehört mehr als ein bloßer Briefwechsel. […]
Nur höchstens Eins: kennen Sie den schönen Zweizeiler von Geibel? ‚Lorbeer ist ein bitteres Blatt, dem ders sucht und dem, ders hat'? Ich warne jeden, sein Leben auf sogenannte ‚Poesie' zu basieren. Hoffentlich haben Sie nicht diese Absicht? Falls doch, so denken Sie an diese zwei Zeilen, die alles resumieren, was über dieses Thema zu sagen wäre, oft nach, lange und gründ-

lich. Vielleicht, daß Sie das dann veranlassen könnte, sich als ‚Botanik' Ihrer Sehnsucht eine süßere zu wählen.
Mit diesem Wunsch Ihr Arno Holz"

Brief von Arno Holz (1863-1929) an Hanns Meinke vom 20. Oktober 1903

1933 ließ er sich auf eigenen Wunsch pensionieren. Er distanzierte sich vom Nationalsozialismus und weigerte sich, der Reichsschrifttumskammer beizutreten. Nur deren Mitglieder durften offiziell „auf dem Gebiet des Schrifttums" tätig sein, dennoch erschienen in dieser Zeit einige seiner Gedichte.
Nach seiner Pensionierung zog die Familie nach Berlin-Neukölln und 1936 nach Königs Wusterhausen. Nach dem Tod seiner Frau 1951 hörte er auf zu dichten. Ab 1959 lebte er bei seinem Sohn und dessen Familie in Berlin-Moabit.
Als Dichter wurde Meinke von verschiedenen literarischen Strömungen seiner Zeit beeinflusst, u. a. von der Lyrik Stefan Georges. Gedichte von ihm wurden zuerst 1905 in der Zeitschrift „Charon" und 1910 in der Jugendstil-Anthologie „Keimende Gärten" veröffentlicht. In den 1920er Jahren gründete er die Merlin-Presse. Seine dort mit Handpresse in kleiner Auflage gedruckten Texte erschienen im Verlag „Der Weiße Ritter" in Berlin.
Später beschäftigte er sich mit der islamischen Sufi-Bewegung und dem persischen Mystiker und Dichter Dschalal ad-Din ar-Rumi, dessen Rubayiate – Vierzeiler – er in deutscher Sprache umdichtete. Zudem übersetzte er die Gedichte des Persers Muhammad Iqbal.
Sein Prosa-Werk ist unveröffentlicht, ebenso sein Briefwechsel mit Persönlichkeiten wie Hermann Hesse, Rudolf Pannwitz, Albert Soergel und Annemarie Schimmel.
Nachlass und Werk werden im Hanns-Meinke-Archiv der Akademie der Künste in Berlin verwaltet.

Mit dem Bau der Nordbahn erreichte man Oranienburg von Berlin aus in einem Bruchteil der Zeit im Vergleich zur Postkutsche. Der Bahnhof an der Strecke nach Stralsund war 1877 eröffnet worden und seit 1891 nördlicher Schlusspunkt des Vorortverkehrs.

Das – und die grüne, ruhige Umgebung – gab 1906 für den jungen Sprach- und Literaturwissenschaftler **Victor Klemperer** (1881-1960) den Ausschlag, sich mit seiner Frau Eva, einer Pianistin, die er im Mai des Jahres geheiratet hatte, in Oranienburg nach einer Wohnung umzusehen.

Das junge Paar, das in Berlin zur Untermiete wohnte, hatte zwar bereits eine eigene Wohnung in der Hauptstadt gemietet – sie besaß nur einen Nachteil, sie war noch besetzt, wurde erst im Oktober frei.

„Warum sollten wir die Sommermonate nicht in irgendeinem grünen Vorort verbringen? So ließ sich eine Erholung [Eva Klemperer war gerade erst von den Masern genesen] ohne Kostenzuwachs ermöglichen, und zum Auftragesammeln konnte ich wöchentlich einmal in die Stadt fahren", resümierte Klemperer, der in Landsberg an der Warthe als Sohn eines Rabbiners geboren und in Berlin aufgewachsen war, in seinen Erinnerungen, die postum 1989 unter dem Titel „Curriculum vitae" („Lebenslauf") erschienen.

Mit den Aufträgen waren die Novellen, Artikel und Essays gemeint, die er für verschiedene Zeitungs- und Zeitschriftenredaktionen vorwiegend über literarische Themen zu verfassen gedachte, um sich nach seinem abgebrochenen Studium der Germanistik und Romanistik als Rezensent und Feuilletonist eine neue Lebensgrundlage zu schaffen.

In Oranienburg nahmen die Klemperers zuerst die „meilenweiten Wälder" wahr, die sich immer noch „um die Stadt dehnten", obwohl sie um die Jahrhundertwende einen enormen industriellen Aufschwung genommen hatte – sie wurde auch das „chemische Zentrum des Nordens" genannt.

„Ein Nachmittag genügte, um die passende Unterkunft zu finden, noch auf Stadtgebiet und somit außerhalb des eigentlichen Ausflugsverkehrs und der Bäderpreise und doch nur wenige Minuten vom Lehnitzsee entfernt", so der Autobiograph.

Die Wohnung – ein Zimmer und eine Veranda für dreißig Mark im Haus einer ehemaligen Tänzerin – wird sich in der seit 1905 so genannten Neustadt befunden haben. Ende des 19. Jahrhunderts setzten besonders in westlicher Nähe des Lehnitzsees und damit auf dem Gebiet östlich der Bahn beträchtliche Parzellierungen mit Häuser- und Villenbauten ein. Klemperer spricht von einem „Kolonieflügel", mit dem sich die Stadt „dicht an das waldvergrabene Nest Lehnitz herangezogen" habe.

Die Klemperers machten „weite Spaziergänge, ruderten auf dem See und der Havel", doch am liebsten saßen sie „auf unserer Veranda bei der Arbeit. Auf der anderen Seite der Straße lag ein Restaurant, das ein automatisches Klavier besaß. Das Instrument spielte nur ein Stück, aber ein sehr schönes: die Ouvertüre zu Rossinis Tell. Mit dem Tell sind wir oft morgens aufgewacht und abends eingeschlafen, und dazwischen haben wir ihn an Wochentagen ein dutzend- und sonntags wohl drei dutzendmal gehört."

Was sein Schreiben betraf, so arbeitete der Romanist in dieser Zeit an einer Abhandlung über den Schriftsteller Paul Heyse für die Buchserie „Moderne Geister". „Das Buch trug mir einen bescheidenen Erfolg ein: Es erhielt einige freundliche Besprechungen und verschaffte mir Zutritt zu etlichen Redaktionen. Ich war einfach glücklich darüber, dass ich mir nun den Beweis eines Könnens erbracht hatte und mich nicht mehr als entgleisten Studenten zu betrachten brauchte."

So ging das „Oranienburger Intermezzo" bei „hoffnungsfreudiger Stimmung" zu Ende. „Als sich der Herbst fühlbar machte, wurden die Spaziergänge nur noch schöner, der Wald wirkte bei Nebel und Regen nach bedeutsamer als im Sonnenschein, und vor uns lag nun ein eigenes Zuhause."

Im September 1906 verließen die Klemperers Oranienburg wieder und bezogen ihre Wohnung in Wilmersdorf bei Berlin (Wilmersdorf wurde erst 1920 eingemeindet).
Das zweite Intermezzo dauerte länger, von 1908 bis 1911 lebte das Paar noch einmal im Ort. Obwohl sich Victor Klemperer in Berlin inzwischen beruflich etabliert hatte, konnte man dem Wohnungsangebot nicht widerstehen. „Fünf helle Zimmer in einer Reihe gelegen und der Wald in nächster Nähe und ein Stückchen Garten zur Mitbenutzung und freundliche Wirtsleute und die Möglichkeit, einen Hund zu halten, und Berlin mit der Verwandtschaft und dem unvermeidlichen Ärger in weitester Entfernung. Und die ganze Herrlichkeit kostete nur 600 Mark im Jahr, hundert weniger als unsere drei Wilmersdorfer Löcher. So griffen wir auf der Stelle zu."
Allerdings konnte er die Verhältnisse nicht wie beim ersten Mal genießen, denn „gerade das, was wir von dem Ortswechsel erwartet hatten, die ruhige Abgeschiedenheit, vermochte er uns doch nur in geringerem Maße zu geben. Berlin hielt mich fest, alle meine Gedanken, Hoffnungen und Befürchtungen waren ständig auf Berlin konzentriert, zweimal, auch dreimal wöchentlich musste ich hinüberfahren, bald zur Bibliothek, bald zu Redaktionen, bald zu den Eltern, und die Gehetztheit dieser Tage war ein sehr hoher Preis für die ländliche Ruhe der übrigen."
Trotzdem hatte der Aufenthalt in „unserer geliebten Mark" auch wieder seine schönen und interessanten Seiten. Beim Schreiben seiner Erinnerungen hatte Victor Klemperer „das rote Eisengerippe der Brücke bei Lehnitz" vor Augen, das sich „über den noch leeren Kanal spannte, dessen Bau wir in diesen Jahren vom ersten in den Sumpfboden getriebenen Pfahlrost an bis zur Fertigstellung beobachtet haben." (1908 wurde mit dem Bau des Kanals von Berlin nach Stettin, dem heutigen Oder-Havel-Kanal, begonnen.)
1912 nahm er sein Studium (in München) wieder auf, 1914 habilitierte er, 1920 wurde er als Professor für Romanistik an der

Technischen Hochschule Dresden berufen. Während der Nazizeit begann er eine „Geschichte der französischen Literatur im 18. Jahrhundert" zu schreiben, deren zwei Bände erst 1954 bzw. 1966 erschienen. Als schließlich den Juden der Zugang zu Bibliotheken und das Abonnieren von Zeitungen und Zeitschriften verboten wurde, musste er auch diese wissenschaftliche Arbeit einstellen. Die Luftangriffe auf Dresden in der Nacht vom 13. auf den 14. Februar 1945 überstand das Paar mit geringen Verletzungen und entkam der drohenden Deportation. In der DDR konnte er wieder als Hochschullehrer arbeiten.
1947 erschien sein bekanntes Buch „LTI – Notizbuch eines Philologen", eine Untersuchung zur Sprache des Dritten Reiches. Ein publizistisches Ereignis war, neben dem „Lebenslauf", die Veröffentlichung seiner Tagebücher „Ich will Zeugnis ablegen bis zum letzten (1933-1945)" ab 1995, in denen er akribisch seine Alltagserfahrungen im Zeichen der Ausgrenzung als jüdischer Intellektueller in der Zeit des Nationalsozialismus dokumentierte. Sie dienten auch als Vorlage für das Drehbuch der zwölfteiligen Fernsehserie „Klemperer – ein Leben in Deutschland" der ARD 1999.

Der Kaufmann, Finanztheoretiker, Sozialreformer und Begründer der Freiwirtschaftslehre **Johann Silvio Gesell** (1862-1930) wechselte häufig den Wohnort, mal lebte er in Argentinien, mal in der Schweiz, wo er einen Bauernhof besaß, und viele Jahre seines Lebens in Oranienburg-Eden.
Gesell veröffentlichte eine Fülle von Broschüren, Büchern, Aufsätzen und Vorträgen in deutscher und spanischer Sprache. Er gewann seine Erkenntnisse aus seinen Erfahrungen und Beobachtungen als Geschäftsmann, ergänzt durch das Studium wirtschaftswissenschaftlicher Literatur (Pierre-Joseph Proudhon, Karl Marx, Henry George u. a.). Dementsprechend schrieb er anschaulich und praxisbezogen, ein Anspruch, den ja auch F. F. Runge auf seinem Gebiet vertrat. Sein Hauptwerk „Die natürliche Wirt-

schaftsordnung durch Freiland und Freigeld" (1916) erlebte mehrere Auflagen und zahlreiche Übersetzungen.
In Oranienburg-Eden lebte Gesell, der die Idee einer Siedlungsgemeinschaft auf genossenschaftlicher Basis vertrat, nach seinem Aufenthalt in Argentinien (seit 1907, zuvor bereits von 1887-1892) zum ersten Mal von 1911 bis 1916; hier existierte seit 1893 die vegetarisch ausgerichtete Obstbaugenossenschaft. In dieser Zeit gründete er die Zeitschrift „Der Physiokrat", die im März 1916 von der Kriegszensur verboten wurde.

Bereits 1902 hatte Gesell die Zeitschrift „Geldreform" herausgegeben, die seinen Gedanken eine Diskussionsgrundlage geben sollte. Sie erschien zwei Jahre lang in 24 Ausgaben, hatte aber nur drei Abonnenten, darunter einen Georg Simons aus Oranienburg-Eden.

Im April 1919 wurde er in die Revolutionsregierung der Münchner Räterepublik gerufen und zu ihrem „Volksbeauftragten für Finanzen" ernannt.
Nach dem Scheitern der Republik und mehrmonatiger Haft wurde er im Juli 1919 in einem Hochverratsprozess vor einem Münchner Standgericht freigesprochen, jedoch aus Bayern ausgewiesen. Zusätzlich verweigerten ihm die Schweizer Behörden als „unerwünschtem Ausländer", weil ehemaligem Mitglied der Räterepublik, die Rückkehr auf seinen Bauernhof in Les-Hauts-Geneveys, den er von 1916 bis 1919 betrieben hatte.
Daraufhin zog Gesell nach Rehbrücke bei Potsdam, später ein zweites Mal nach Oranienburg-Eden. 1924 folgte nochmals ein Aufenthalt in Argentinien. Ab 1927 wohnte er wieder in Eden, wo er am 11. März 1930 einer Lungenentzündung erlag und einige Tage später im kleinen Kreis beigesetzt wurde.
In einem Nachruf von Erich Mühsam heißt es: „Die Zeit revolutionärer Verwirklichung wird dem Toten vieles abzubitten haben, was die Zeit dogmatischer Unbelehrbarkeit an dem Lebenden und damit zugleich an sich selbst gesündigt hat. Der Weg der

Menschheit zur anständigen Gemeinschaft wird mit mancher Fuhre Erde aus dem Garten Silvio Gesells gestampft sein."

Eine geborene Oranienburgerin war **Eta Harich-Schneider** (1897-1986). Wie Friedrich Dulon, der Flötist, war sie Musikerin, verfasste aber auch Bücher, darunter ihre Autobiographie „Charaktere und Katastrophen".
Am 16. November 1897 wurde sie in Oranienburg als Eta Schneider geboren. 1915 heiratete sie den Schriftsteller Walter Harich, von dem sie sich 1922 wieder scheiden ließ.
1924 debütierte sie als Pianistin bei der Erstauffführung der „Suite 1922" von Paul Hindemith in der Berliner Singakademie, ab 1930 trat sie zunehmend als Cembalistin auf.
1930 gründete sie ein Kollegium für Alte Musik und begann mit dem Quellenstudium in der Preußischen Staatsbibliothek, das zu ihrem späteren Buch „Die Kunst des Cembalo-Spiels" führte. 1932 bis 1940 war sie Professorin und Leiterin der Cembaloklasse an der Hochschule für Musik in Berlin, wo sie außerdem in den Fächern Stilkunde und Kammermusik unterrichtete.
1940 wurde sie (als katholische Antifaschistin) von der Hochschule entlassen. Um sich dem Zugriff der Nazis zu entziehen, nutzte sie 1941 eine Einladung und ging nach Tokio. Dort gab sie Konzerte, unterrichtete und begann mit dem Studium der japanischen Sprache, Schrift und Musik.
Nach dem Krieg lehrte sie in Tokio sowohl an einem amerikanischen College als auch in der Abteilung Hofmusik des Japanischen Kaiserhauses (1947-1949). Über die japanische Musik publizierte sie zwei Standardwerke. 1949 ging sie nach New York, wo sie Japanologie und Soziologie studierte.
1955 bis 1972 unterrichtete sie an der Hochschule für Musik in Wien Cembalo.
Seit 1941 übersetzte Eta Harich-Schneider auch literarische Werke aus mehreren Sprachen ins Deutsche, vor allem aus dem Englischen, darunter Shakespeares Sonette. Über den französischen

Cembalisten François Couperin schrieb sie die Biographie „Zärtliche Welt" (1939).
In ihrer Autobiographie „Charaktere und Katastrophen" berichtet sie von ihrem Bemühen, noch bis 1941 mit rechtsstaatlichen Mitteln dem zunehmenden Einfluss nationalsozialistisch orientierter Funktionäre und Musiker auf die Berliner Hochschule für Musik Widerstand zu leisten. Ausführlich ist auch von ihrer Kindheit die Rede, allerdings kann sie sich an ihre Zeit in Oranienburg kaum noch erinnern, die Familie war bald nach ihrer Geburt nach Frankfurt/Oder gezogen.

Ebenfalls in Oranienburg geboren, am 27. November 1910, wurde die Kinderbuchautorin **Annemarie Norden**; damals hieß sie noch Annemarie Stammer.
Sie wuchs in Berlin auf. Nach dem Studium der Wirtschaftswissenschaften war sie in der Industrie tätig, heiratete dann und widmete sich der Erziehung ihrer beiden Kinder.
Hauptsächlich veröffentlichte sie Kinderbücher (u. a. „Der rote Möbelwagen" 1957, „Der Junge aus dem Gebüsch" 1978, „Als Anna verschwand" 1990), daneben schrieb sie Hörspiele und Beiträge für den Schulfunk des Norddeutschen Rundfunks. Außerdem übersetzte sie, zum Beispiel das Buch „Ein kleines Flugzeug für Taro" des japanischen Schriftstellers Kota Taniuchi.
2008 starb sie in Hamburg.

Einer der großen Söhne der Stadt ist **W. (Werner) Michael Blumenthal**.
„Geboren wurde ich am 3. Januar 1926 in Oranienburg bei Berlin als Sohn einer wohlhabenden jüdischen Familie von Landbankiers, die seit Menschengedenken in Deutschland lebte." So beginnt seine Autobiographie, die 2010 unter dem Titel „In achtzig Jahren um die Welt. Mein Leben" im Propyläen-Verlag in Berlin erschien.

Die Blumenthals waren seit Jahrzehnten in der Stadt ansässig, besaßen hier seit 1852 ein Bankgeschäft und gehörten zu den Honoratioren. „In Oranienburg war mein Urgroßvater als einer der Ersten aus der kleinen jüdischen Gemeinde in den Stadtrat gewählt worden, und mein Großvater war als einer der angesehensten Bürger der Stadt in seine Fußstapfen getreten. An der Jahrhundertwende ging es den Blumenthals finanziell gut, und sie fühlten sich wohl und sicher."
Das Haus, in dem die Familie lebte und Michael Blumenthal seine ersten Lebensjahre verbrachte, war das frühere Hofgärtnerhaus am Luisenplatz (heute Schlossplatz), das Ende des 18. Jahrhunderts für den königlichen Hofgärtner Johann H. Bartsch erbaut worden war. Louis Blumenthal, Michael Blumenthals Urgroßvater, erwarb es 1875. Ab 1901 war es auch Sitz des Bankhauses „L. Blumenthal", das nach dem Tod von Louis Blumenthal von Martin Blumenthal, Michael Blumenthals Großvater, geleitet wurde (er verstarb 1933 in einem jüdischen Altersheim in Berlin). Heute ist es in der Stadt als „Blumenthalsches Haus" bekannt.
1929 kam es zur Weltwirtschaftskrise. „Kein Land wurde vom Zusammenbruch der Weltfinanzsysteme schwerer getroffen als Deutschland", schreibt Michael Blumenthal in seiner Autobiographie. „Hunderte von Banken gingen bankrott […], und Deutschland stürzte in eine Wirtschaftskrise." Auch das Bankhaus Blumenthal, an dem sein Vater Ewald Blumenthal seit Mitte der 1920er Jahre Teilhaber war, musste Konkurs anmelden.
„1929, im Jahr des Bankrotts der Blumenthal-Bank, war ich noch keine vier Jahre alt. Um der Schande und der Schmach des Scheiterns zu entfliehen, packten meine Eltern ihre Siebensachen und zogen von Oranienburg nach Berlin. Der Wechsel aus gutbürgerlichen, gesicherten Verhältnissen zum Leben von Beinaheobdachlosen war, buchstäblich ohne Vorwarnung, als unerwarteter Schock eingetreten. In ihrem kleinen Oranienburg waren meine Eltern angesehene Stützen der Gesellschaft gewesen und hatten

zu den ersten Familien der jüdischen Gemeinde gehört. Sie hatten ein großes, repräsentatives Haus in einer guten Wohngegend besessen und – was damals nicht unüblich war – genügend Bedienstete gehabt, um von den ermüdenden Alltagsaufgaben entlastet zu sein."

Im Frühjahr 1939 flüchtete die Familie Blumenthal, nachdem Ewald Blumenthal für acht Wochen im KZ Buchenwald inhaftiert worden war, aus Deutschland nach Shanghai. Michael Blumenthal, der bis dahin die jüdische Kaliski-Waldschule in Berlin-Dahlem besucht hatte, wuchs nun in der chinesischen Metropole, in die zwischen 1938 und 1941 ca. 18.000 Juden aus Deutschland und Österreich geflohen waren, auf. Bis 1942 konnte er noch zur Schule gehen, dann musste er u. a. als Laufbursche zum Lebensunterhalt beitragen.

1947 emigrierte die Familie in die USA; Michael Blumenthal wurde 1952 amerikanischer Staatsbürger. Hier studierte er Wirtschaft und Politik und bekleidete anschließend viele unterschiedliche Funktionen in diesen Bereichen. Von 1961 bis 1967 war er Mitarbeiter des US-Außenministeriums und zugleich wirtschaftspolitischer Berater der US-Präsidenten Kennedy und Johnson, von 1977 bis 1979 amtierte er als Finanzminister im Kabinett von US-Präsident Jimmy Carter.

1997 wurde er als Gründungsdirektor des Jüdischen Museums in Berlin berufen. Es gelang ihm, das Museum zum größten jüdischen Museum Europas auszubauen. Im September 2014 legte er sein Amt auf eigenen Wunsch nieder.

1998 veröffentlichte er die Familienchronik „Die unsichtbare Mauer. Die dreihundertjährige Geschichte einer deutsch-jüdischen Familie". Anhand von sechs Lebensgeschichten seiner Vorfahren, u. a. des Hofjuweliers des brandenburgischen Adels Jost Liebmann, der Schriftstellerin Rahel Varnhagen von Ense, des Komponisten Giacomo Meyerbeer und des Literaturwissenschaftlers Arthur Eloesser, zeichnet er darin ein Panorama deutsch-jüdischer Existenz von 1671 bis 1945.

Seit 2000 ist er Ehrenbürger von Oranienburg, seit 2015 von Berlin.

Fragen an W. Michael Blumenthal

Sie wurden am 3. Januar 1926 in Oranienburg geboren. Wo genau, im Elternhaus, in einem Krankenhaus? Ist Ihr Vater auch gebürtiger Oranienburger?

Soweit ich weiß, bin ich zu Hause, in meinem Elternhaus in der damaligen Berliner Straße, geboren.

1929, da waren Sie noch keine vier Jahre alt, sind Sie mit Ihren Eltern nach Berlin gezogen. Gibt es noch irgendeine Erinnerung an Ihre frühe Kindheit in Oranienburg, an das Schloss vielleicht, an den Schlosspark? Oder haben Sie mit Ihren Eltern später in den 1930er Jahren noch einmal einen Ausflug dorthin gemacht?

Leider habe ich keine Erinnerungen an die Zeit vor 1929. Ich war zu klein. Ausflüge dorthin, besonders in der Nazizeit und vor unserer Flucht aus Deutschland, gab es nicht.

Spielte Oranienburg in Ihrem späteren Leben eine Rolle? In Ihren Gedanken? Oder in den Gesprächen Ihrer oder mit Ihren Eltern in Berlin, in Shanghai, in den USA?

Ja, Oranienburg ist ein wichtiger Ort der Blumenthalschen Familiengeschichte, es wurde untereinander viel darüber erzählt, vieles davon habe ich mitbekommen. Mein Großvater, mein Vater und ich wurden dort geboren. Mein Urgroßvater kam als junger Mann aus Wittstock dorthin, ebenso mein Ur-Urgroßvater, schon als älterer Herr, zu seinem Sohn.

Seit 2000 sind Sie Ehrenbürger von Oranienburg. Was bedeutet Ihnen diese Auszeichnung? Wie oft waren Sie seit dem Fall der Mauer 1990 in der Stadt? Was hat Ihnen gefallen, was ist Ihnen aufgefallen?

Natürlich ist die Ehrenbürgerwürde eine große Ehre für mich. Es bedeutet mir viel, dass sich das Rad gewendet hat und dass sich Oranienburg damit symbolisch auch an die gute Geschichte jüdisch-nichtjüdischen Zusammenlebens erinnert. Oranienburg habe ich als aktiver Politiker schon während der DDR-Zeit besucht und öfter noch nach der Wende und konnte somit die bewundernswerte positive Entwicklung der Stadt miterleben. Das freut mich sehr.

September 2015

Autoren von 1933 bis 1945

Das dunkelste Kapitel in der Geschichte der Stadt ist das seiner beiden Konzentrationslager, KZ Oranienburg und KZ Sachsenhausen.

Das KZ Oranienburg wurde im März 1933 durch die Sturmabteilung (SA) auf einem ehemaligen Brauereigelände in der Berliner Straße eingerichtet. In diesem ersten Konzentrationslager in Preußen waren bis zur Schließung im Juli 1934 3.000 Menschen inhaftiert, unter ihnen die Schriftsteller und Publizisten Erich Mühsam, Ehm Welk, Kurt Hiller, Gerhart Seger, Nico Rost, Max Fürst und Erich Knauf.

Der in Biesenbrow in der Uckermark geborene **Ehm Welk** (1884-1966), ein gelernter Journalist, der sich in den 1920er Jahren als Dramatiker einen Namen gemacht hatte („Gewitter über Gotland" 1926, „Kreuzabnahme" 1927), arbeitete seit 1927 als Landwirtschaftsredakteur bei der populären „Grünen Post", einer „Sonntagszeitung für Stadt und Land" aus dem Ullstein-Verlag in Berlin, die ihre Leser auf Naturverbundenheit und ein abstraktes Menschheitsideal orientierte.

Am 1. Mai 1934 um ein Uhr dreißig wurde er in seiner Wohnung in Berlin-Steglitz verhaftet und ins Konzentrationslager Oranienburg gebracht.

Grund für die Verhaftung war ein Leitartikel, den er am 29. April unter dem Pseudonym Thomas Trimm und unter dem Titel „Auf ein Wort, Herr Reichsminister!" veröffentlicht hatte, der berühmt gewordene „Schuss auf Goebbels".

Joseph Goebbels war damals Minister für Volksaufklärung und Propaganda der Nationalsozialisten, offenbar fühlte er sich von dem Artikel persönlich getroffen.

Welk bezog sich auf eine Rede Goebbels im Propagandaministerium, die an Zynismus kaum zu überbieten war. „Der Freund der

schönen Künste und des freien Wortes", wie Goebbels sich selbst nannte, warf der Presse „charakterliche Gleichförmigkeit und Langweiligkeit" vor und behauptete, dass „der Vielgestaltigkeit der öffentlichen Meinungsbildung durchaus kein Hindernis entgegengesetzt" sei. Es liege nur an „der Phantasie und Begabung jedes einzelnen Schriftleiters, von diesem Recht Gebrauch zu machen."
Zynisch deshalb, weil man am Anfang des Dritten Reiches noch salonfähig werden wollte und eine wohlwollende Weltmeinung brauchte, andererseits aber die Presse nach der Machtergreifung 1933 am liebsten sofort gleichgeschaltet hätte.
Ehm Welk, der bei der Rede im Propagandaministerium anwesend war und sich vom Beifall der Anwesenden angewidert fühlte, nahm Goebbels beim Wort, ging in seine Redaktion und erklärte: „Nun mache ich mit ihm die Probe aufs Exempel."
In seinem Artikel schrieb er mit gespielter Ironie, dass sich die „Grüne Post" schon lange vor den nationalsozialistischen Behörden für Ziele „wie Heimat- und Tierliebe, die Pflege deutschen Brauchtums" und „die Beseitigung der Kluft zwischen Stadt und Land" eingesetzt habe und sich somit den Vorwurf von „öder Gleichförmigkeit" nicht gefallen lassen müsse.
Goebbels ging sofort zum Gegenangriff über und nutzte den Artikel für seine Zwecke, um ein Exempel zu statuieren und das kleine Häuflein von journalistischen Widersachern ein letztes Mal zu belehren. Einen Tag nach der Veröffentlichung wurde die „Grüne Post" für drei Monate verboten und Ehm Welk als „Schädling am deutschen Volke" und „Kulturbolschewist", der „die Tochter eines jüdischen Zigarrenhändlers" geheiratet habe, verhaftet.
Laut amtlicher Begründung hatte er die „Absicht des Reichspropagandaministers Dr. Goebbels verantwortungslos" verunglimpft, indem er „durch gekünstelte Wortbildungen in seinem Artikel versuchte, nationalsozialistische Begriffe, die heute jedem deutschen Bauern heilig sind, zu verdrehen und lächerlich zu ma-

chen." Außerdem habe er dem Reichsministerium „artfremden Bürokratismus" unterstellt.

Die Verhaftung setzte eine deutliche Zäsur in Welks Leben, obgleich er nur wenige Tage im Konzentrationslager Oranienburg zubringen musste.

Folter und Misshandlungen blieben ihm erspart, aber auf dem Häftlingsfoto – er trug die Häftlingsnummer 2.653 – sieht man ein verängstigtes, zu Tode erschrockenes Gesicht und ahnt, welche Spuren die Verhaftung hinterlassen wird.

Bereits am 7. oder 8. Mai durfte er das Lager wieder verlassen, doch fortan galt er in seinem Metier als unerwünschte Person; das offizielle Berufsverbot, von Goebbels verhängt, war da nur Formsache.

Ein Jahr nach der Entlassung zogen Ehm Welk und seine Frau, die Schriftstellerin Agathe Lindner-Welk (1892-1974), nach Lübbenau in den Spreewald. Hier begann er seine erfolgreichen, aber auch unpolitischen Romane zu schreiben, die in seiner uckermärkischen Heimat spielen: „Die Heiden von Kummerow" (1937), „Die Lebensuhr des Gottfried Grambauer" (1938) und „Die Gerechten von Kummerow" (1943).

Nach dem Krieg verließ er für ein paar Jahre die literarische Laufbahn und gründete in Mecklenburg sechs Volkshochschulen; ab 1946 war er Direktor der Volkshochschule in Schwerin. In der DDR wurde er vielfach geehrt, u. a. mit dem Nationalpreis 1961, blieb aber ein unangepasster Mann. Zuletzt (seit 1951) lebte er in Bad Doberan.

Seine Bücher werden heute nach wie vor vom Hinstorff-Verlag in Rostock aufgelegt. In Angermünde gibt es das Ehm-Welk-Literaturmuseum, das zudem Heimatmuseum ist, in Bad Doberan das Ehm-Welk-Haus mit einem vielfältigen Angebot an Veranstaltungen und in Berlin-Marzahn die Ehm-Welk-Bibliothek. Und alle zwei Jahre wird an einen Brandenburger Autor ein Literaturpreis verliehen, der seinen Namen trägt.

Der niederländische Schriftsteller und Journalist **Nicolaas „Nico" Rost** (1896-1967) lebte seit 1923 in Berlin. Hier arbeitete er seit Mitte der 1920er Jahre als Kulturkorrespondent für diverse holländische Zeitungen, u. a. für „De Telegraaf", schrieb Porträts, Kritiken und Reportagen.

Er begegnete Egon Erwin Kisch und Carl von Ossietzky, für dessen „Weltbühne" er schrieb, und übersetzte Bücher von Alfred Döblin („Berlin-Alexanderplatz"), Lion Feuchtwanger, Ernst Toller, Joseph Roth, Hans Fallada und Anna Seghers („Aufstand der Fischer von St. Barbara"). Als Vermittler zwischen der deutschen und der holländischen Kultur machte er die Werke dieser Schriftsteller in den Niederlanden bekannt.

Reportageaufträge führten ihn mehrmals in die Sowjetunion, wo er u. a. den Revolutionsdichter Wladimir Majakowski kennenlernte.

1927 trat er in die Kommunistische Partei der Niederlande ein, ohne sich jedoch politisch aktiv zu betätigen.

1928 lernte er die Berlinerin Edith Lissauer kennen, die seine zweite Ehefrau wurde und in der Folgezeit seine wichtigsten Arbeiten ins Deutsche übersetzte. Mit ihr und dem Sohn aus erster Ehe lebte er in Lehnitz oder „lange draußen bei Oranienburg", wie Anna Seghers es 1948 in ihrem Vorwort zur Erstausgabe von Rosts bekanntestem Buch „Goethe in Dachau" formulierte. Nach ihren Worten kam auch der befreundete Alfred Döblin, „Arzt in Berlin, einmal heraus, als das Kind plötzlich krank wurde", und als „Rost in die Karpaten fuhr, verbrachte Kisch einen Tag mit dem Jungen, um seinem besorgten Vater eine gründliche Reportage zu schicken."

Auf Grund einer Denunziation wurde Nico Rost Mitte April 1933 verhaftet und ins KZ Oranienburg verschleppt. Man wollte ihm Verbindungen zu Marinus van der Lubbe, dem Hauptangeklagten im Reichstagsbrandprozess, nachweisen. „Im Übrigen war Rost den örtlichen Nazis von Lehnitz, seinem Wohnort, als Linker, Juden- und Kommunistenfreund gut bekannt." (Schoeller,

Wilfried F.: Leben und Taten des Enthusiasten Nico Rost. Nachwort zu „Goethe in Dachau" 2001).
Auf Initiative des damaligen Berliner Korrespondenten der Zeitung „Algemeen Handelsblad", Max Blokzijl, kam Rost drei Wochen später wieder frei, wurde Mitte 1933 jedoch – nachdem er sich journalistischen Anwerbungsversuchen durch die Nazis widersetzt hatte – des Landes verwiesen und ging daraufhin nach Brüssel, wo er als Journalist für die sozialdemokratische Zeitung „Vorruit" („Vorwärts") arbeitete.
Noch im selben Jahr erschien von ihm ein Buch über seine Haftzeit in Oranienburg: „De Brouwerij van Oranienburg. Een concentratiekamp in het Derde Rijk" („Die Brauerei von Oranienburg. Ein Konzentrationslager im Dritten Reich").
1935 nahm Rost als Vertreter der holländischen Schriftsteller am Pariser Kongress zur Verteidigung der Kultur teil, auf dem Heinrich Mann die Hauptrede hielt und eine kulturelle wie politische Einheitsfront gegen Hitler forderte. Anfang 1937 – während des dortigen Bürgerkriegs – reiste er für eine Reportage ins republikanische Spanien, wo es zu einem Wiedersehen mit Egon Erwin Kisch kam. Hier machte er auch die Bekanntschaft mit Ernest Hemingway, dessen Roman „In einem andern Land" er übersetzte.
Nach dem deutschen Überfall auf die Niederlande und Belgien im Mai 1940 schloss sich Nico Rost dem Widerstand an. Seine Wohnung wurde zur Anlaufstelle für Schriftsteller und Literaten, die aus Nazi-Deutschland geflüchtet waren. Er verschaffte ihnen Unterkunft und Arbeit. „Literarischen Widerstand" leistete er, indem er klassische deutsche Literatur übersetzte, u. a. Gottfried Kellers „Fähnlein der sieben Aufrechten" und Aphorismen von Georg Christoph Lichtenberg.
Am 6. Mai 1943 wurde er von den Nazis wegen „Zersetzung der Wehrkraft" verhaftet und für ein halbes Jahr ins Gestapogefängnis in Scheveningen gebracht. Von dort kam er ins KZ Vught (bei

's-Hertogenbosch, dt. Herzogenbusch) und im Juni 1944 ins Konzentrationslager Dachau.

Aus dem Tagebuch, das er in Dachau vom 10. Juni 1944 bis zur Befreiung des Lagers durch die Amerikaner am 29. April 1945 fast täglich führte, für einen KZ-Häftling ein lebensgefährliches Unterfangen, entstand das Buch „Goethe in Dachau", das 1947 im Amsterdamer Querido-Verlag erstmals erschien und 1948 für den Ostberliner Verlag Volk und Welt von Edith Rost ins Deutsche übersetzt wurde.

Für Rost war die Kontinuität der deutschen Kultur wichtiger als die Nazi-Zeit, Hassgefühle gegen Deutschland bestritt er und wies stattdessen auf die Größe der deutschen Literatur hin. Das machte er auch in „Goethe in Dachau" deutlich.

In der Folgezeit vertiefte er seine beruflichen Kontakte in die DDR, er sollte das Archiv von Achim und Bettina von Arnim im Schloss Wiepersdorf in Brandenburg leiten und eine Biographie Otto Grotewohls, des damaligen Ministerpräsidenten, schreiben.

Heftige Auseinandersetzungen über seine vermeintliche „preußische Arroganz" und „polenfeindliche Propaganda" in seinem Dachau-Tagebuch führten jedoch für ihn und seine Frau zu einschneidenden Konsequenzen. 1950/51 wurden sie von der DDR-Staatssicherheit beobachtet, im März 1951 wurde Nico Rost verhaftet, seine gesamte Habe konfisziert und er selber aus der DDR ausgewiesen.

Rost lebte ab 1955 wieder in Amsterdam, schrieb für Zeitungen und Zeitschriften, veröffentlichte Bücher – u. a. „De vrienden van mijn vader" (deutsch „Die Freunde meines Vaters" 1955), ein sensibles Porträt der Juden, die im Groninger Judenviertel um die Folkingestraat wohnten – und setzte sich viele Jahre als Mitglied des Internationalen Dachau-Komitees dafür ein, dass auf dem Gelände des ehemaligen Konzentrationslagers eine würdige Gedenkstätte für die Nazi-Opfer entstand.

Ebenfalls im KZ Oranienburg inhaftiert war der Schriftsteller und Publizist **Kurt Hiller** (1885-1972).

Hiller, ein geborener Berliner, der in steter Opposition zu den Herrschenden stand, stritt auf vielen Feldern. Er trat für eine neue, gewaltfreie und sozial gerechte Gesellschaft ein, zu deren Erreichung der Kapitalismus überwunden werden müsse.

Während der Novemberrevolution 1918/19 versuchte er als Vorsitzender des Politischen Rates geistiger Arbeiter Einfluss auf die damaligen Ereignisse zu nehmen. 1926 gründete er die Gruppe Revolutionärer Pazifisten, eine linke Strömung innerhalb der Deutschen Friedensgesellschaft, der er 1920 beigetreten war.

Nach der Machtübernahme durch die Nationalsozialisten wurde Hiller, der als Pazifist, Sozialist, Jude und Homosexueller den Nazis verhasst war, insgesamt dreimal verhaftet, im Columbia-Haus in Berlin, im Zuchthaus Brandenburg und im KZ Oranienburg inhaftiert und schwer misshandelt.

Nach seiner Entlassung 1934 floh er nach Prag und 1938 weiter nach London. Im Exil gründete er den Freiheitsbund Deutscher Sozialisten und die Gruppe Unabhängiger Deutscher Autoren. 1955 kehrte er nach Deutschland zurück und ließ sich in Hamburg nieder.

Hiller, der die These vertrat, dass Literatur aktiv in das Leben eingreifen müsse („Aktivismus"), um zur „Besserung des Loses der Menschheit" beizutragen, schrieb und veröffentlichte vor allem Manifeste, Pamphlete, Artikel, Aufrufe, Aphorismen und polemische Essays.

Obgleich er in sich keinen Dichter sah, sondern eher einen „Dialektiker oder Polemiker, vielleicht einen Glossendichter", veröffentlichte er auch Verse, zuerst 1912 in der ersten expressionistischen Lyrikanthologie „Der Kondor", die er selbst in einem Heidelberger Verlag herausgab, später in den Bänden „Unnennbar Brudertum" 1918 und „Hirn- und Haßgedichte aus einem halben Jahrhundert" 1957.

> **Dämmerung**
>
> Noch fließt ein blasses Leuchten durch die Welt,
> Indes auf leisen Füßen, grauverschleiert,
> In meiner kalten Prächte übervolles
> Gemach die Dämmrung ihren Einzug hält.
>
> Auf müden Wellen schaukeln die Schaluppen
> Entarteter Gedanken. Süßes Sehnen
> Und Königstrotz verblich. Es schwimmen Schatten
> An lila Rändern meiner Marmorpuppen.
>
> Aus: „Der Kondor" 1912. Nachdruck 1989

Teil 1 seiner Autobiographie „Leben gegen die Zeit" erschien 1969, Teil 2 postum 1973. Seit 1998 existiert in Hamburg die Kurt-Hiller-Gesellschaft, 2000 wurde ein Park in Berlin-Schöneberg nach ihm benannt.

Der Journalist, Schriftsteller und Liedtexter **Erich Knauf** (1895-1944) verbrachte 1934 mehrere Monate in den Konzentrationslagern Oranienburg und Lichtenburg wegen einer missliebigen Theaterkritik in einer Berliner Zeitung.
Der Sohn eines Schneiders war Mitglied der USPD, Redakteur der „Plauener Volkszeitung" und seit 1928 Schriftführer der Büchergilde Gutenberg. Er war befreundet mit Erich Kästner und dem Zeichner Erich Ohser alias e. o. plauen.
Unter seinen Liedtexten ist wohl der bekannteste der zu dem Lied „Heimat, deine Sterne" (von Werner Bochmann) aus dem Film „Quax, der Bruchpilot". Er verfasste auch den Kanon „Der Frühling liebt das Flötenspiel" im Film „Die Feuerzangenbowle" (1944). In den 1930er Jahren schrieb er eine Biographie über den Berliner Zeichner Heinrich Zille, die erst 2015 veröffentlicht wurde.

In einer der Bombennächte 1943 wurde Knauf in Berlin-Wilmersdorf zusammen mit Erich Ohser in einem Luftschutzbunker von einem Nachbarn belauscht, wie sie sich politische Witze erzählten, und von ihm denunziert. Knauf wurde am 28. März 1944 verhaftet, am 6. April 1944 vom Richter Roland Freisler am Volksgerichtshof „wegen defätistischer Äußerungen im Luftschutzkeller" zum Tode verurteilt und am 2. Mai 1944 im Zuchthaus Brandenburg enthauptet. Die der Witwe Erna Knauf in Rechnung gestellten Verfahrenskosten inklusive Hinrichtung betrugen 585,74 Reichsmark. Ohser nahm sich in der Nacht vor dem Prozess das Leben.

Max Fürst (1905-1978), dessen Autobiographie „Gefilte Fisch" (1973) Heinrich Böll als ein „kleines Wunder" bezeichnete, war 1933/34 im KZ Oranienburg inhaftiert.
Er wurde als einziger Sohn einer deutsch-jüdischen Familie mit fünf Kindern in Königsberg geboren. 1920 wandte er sich der deutsch-jüdischen Jugendgruppe mit sozialrevolutionären Ideen „Schwarzer Haufen" zu. Hier traf er auch seine spätere Ehefrau Margot Meisel, mit der er zwei Kinder hatte.
Mit dem Entschluss, das Gymnasium zu verlassen und eine Tischlerlehre zu beginnen, kehrte er der bürgerlich-jüdischen Welt seines Elternhauses bewusst den Rücken, verließ 1925 Königsberg und gründete die Beratungsstelle „Jugend berät Jugend" in Berlin. 1933 kam er zusammen mit seiner Frau in Gestapohaft, später in das KZ Oranienburg, aus dem er 1934 wieder entlassen wurde.
1935 gelang ihm gemeinsam mit der Familie die Flucht nach Palästina. 1938 wurde allen vier Mitgliedern der Familie die deutsche Staatsangehörigkeit aberkannt.
1950 konnte er mit Hilfe der Quäker nach Deutschland zurückkehren. 1973 erschien der „Gefilte Fisch", drei Jahre später folgte die Fortsetzung mit „Talisman Scheherezade". Beide Bücher

wurden Bestseller in Deutschland. Bis zu seinem Tod 1978 arbeitete Max Fürst als Tischler und Möbelrestaurator in Stuttgart.

Einer der wenigen Häftlinge, denen die Flucht aus dem KZ Oranienburg gelang, war der sozialdemokratische Politiker und Journalist **Gerhart Seger** (1896-1967).
Seger stammte aus einer Schneiderfamilie und erlernte in Leipzig den Beruf eines Steindruckers. Während des Ersten Weltkrieges war er Soldat. 1917 wurde er Mitglied der USPD, 1923 der SPD. Von 1923 bis 1928 war er Generalsekretär der Deutschen Friedensgesellschaft (der auch Kurt Hiller angehörte). Von 1928 bis 1933 arbeitete er als Chefredakteur des sozialdemokratischen „Volksblattes für Anhalt" in Dessau. 1930 wurde er für den Wahlkreis 10 (Magdeburg) in den Reichstag gewählt. 1932 forderte er in der „Leipziger Volkszeitung" die Ausweisung Adolf Hitlers als unerwünschtem Ausländer und Hochverräter.
Nach der Machtübergabe gehörte Seger im März 1933 zu den ersten Reichstagsabgeordneten, die von den Nationalsozialisten in „Schutzhaft" genommen wurden. Anfangs befand er sich im Gerichtsgefängnis in Dessau, ehe er am 14. Juni 1933 mit anderen politischen Gefangenen in das KZ Oranienburg überführt wurde.
Am 4. Dezember 1933 konnte er von dort während eines Außenkommandos, das den nordwestlich von Oranienburg an der Chaussee zwischen Oranienburg und Germendorf verlaufenden Murgraben auszuschachten hatte, entkommen. „Den Entschluß, aus dem Konzentrationslager Oranienburg zu entfliehen, habe ich gefaßt, als ich mich in einem Zustand befand, in dem ich nur noch die Wahl zwischen Selbstmord und Flucht sah", schrieb er unmittelbar darauf im Exil in Prag in seinem Erlebnisbericht „Oranienburg", den laut Untertitel „ersten authentischen Bericht eines aus dem Konzentrationslager Geflüchteten", in dem er die Demütigungen und Perversionen, denen die Häftlinge ausgesetzt

waren, sowie den Aufbau und die Funktion des Lagers sehr detailliert schilderte.

1934 im sozialdemokratischen Exil-Verlag Graphia in Karlsbad erschienen und mit einem Geleitwort von Heinrich Mann versehen, erregte dieser Report über den Beginn der Zeit des Nationalsozialismus internationale Aufmerksamkeit.

Als Vergeltung nahm die Gestapo Anfang 1934 Segers Ehefrau und kleine Tochter in Geiselhaft. Erst Proteste aus dem Ausland führten zur Haftentlassung der Familie und ermöglichten ihr die Ausreise.

Seger und seine Familie emigrierten im Oktober 1934 in die USA. Dort war er von 1936 bis 1949 Chefredakteur der in New York erscheinenden „Neuen Volkszeitung", dem Organ der German Labour Delegation, einer sozialdemokratisch orientierten Organisation von Emigranten in den USA, an deren Gründung er beteiligt war. Nach dem Krieg blieb er in Amerika und arbeitete als Auslandskorrespondent für deutsche Zeitungen, Buchautor, Regierungsberater und Gastprofessor. Vor allem durch seine Vortragstätigkeit wurde er bekannt, allein in den USA hielt er mehr als 11.000 Vorträge.

Neben dem „Oranienburg"-Bericht, der in der DDR nicht erschien (vermutlich, weil der Autor das Verhalten einiger kommunistischer Häftlinge im Lager kritisierte), schrieb er u. a. das „Reisetagebuch eines deutschen Emigranten" (1936).

> „Zwischen all den entsetzlichen, den ebenso schmerzlichen wie widerwärtigen Erfahrungen, die man in sechs Monaten Oranienburg sammeln muß, kann aber auch einmal über einen erfreulichen Vorgang berichtet werden.
>
> Die Lagerleitung hatte sich ausgedacht, daß es sicher in Oranienburg ein großes Aufsehen hervorrufen werde, wenn man die ‚Prominenten' [ehemalige Reichstags- und Landtagsabgeordnete] unter den Lagerinsassen durch die Stadt führen und zwingen

werde, alle noch an den Mauern, Telegrafenmasten und Bäumen befindlichen Spuren früherer Wahlkämpfe zu beseitigen.
Am Morgen vor unserem ersten Ausmarsch wurden wir mit Leitern, Schrubbern, Eimern, Lappen, Drahtbürsten und mit Salzsäure ausgerüstet, und die drei Kolonnen zogen, jede von bewaffneten SA-Posten begleitet, los. Tags zuvor hatte man in der Lokalzeitung angekündigt, daß unsere Säuberungsaktion um 9 Uhr vormittags mit der Aufstellung vor dem Rathaus beginnen werde. Punkt 9 Uhr marschierten wir in drei Kolonnen denn auch vor dem Rathaus auf – aber siehe da, aus der so schön geplanten Sensation wurde nichts: es war kein Volk da! Nicht ein einziger Mensch hatte sich am Rathaus eingefunden, um dem Beginn der von den Nazis so vorsorglich angekündigten Aktion beizuwohnen, nicht ein einziger Neugieriger stand da, um uns anzustarren und damit die von den Veranstaltern erhoffte Wirkung herbeizuführen.
Und so ging es auch während unseres Umherziehens in der Stadt: nirgendwo blieb jemand stehen, nirgendwo zeigte sich auch nur ein spöttisches Lächeln oder gar ein böser Blick. [...]
Die Haltung der Oranienburger Bevölkerung ist über jedes Lob erhaben. [...] Dazu nun noch das politische Moment: das beständig drohende Konzentrationslager mitten in der Stadt, in das ja auch im Laufe der Zeit genügend Oranienburger Einwohner gewandert sind, der Druck, unter dem die Bevölkerung in Deutschland allgemein, die des Sitzes eines solchen KZ aber im besonderen steht – und trotz alledem das betonte Fernbleiben von einer solchen Veranstaltung, drei Tage lang das stillschweigende, unerhört taktvolle Vorbeigehen von Menschen an allen Stellen der Stadt, an denen wir auftauchten: das war, inmitten des Grauens von Oranienburg, ein wohltuendes Erlebnis."

Aus: „Oranienburg. Erster authentischer Bericht eines aus dem Konzentrationslager Geflüchteten" 1934

Im KZ Oranienburg ermordet wurde der Schriftsteller, Publizist und Antimilitarist **Erich Mühsam** (1878-1934).

Mühsam wurde in Berlin als Kind jüdischer Eltern geboren und wuchs in Lübeck auf. 1896 wurde er von der Schule wegen „sozialistischer Umtriebe" verwiesen. Er hatte Berichte über schulinterne Vorgänge an den „Lübecker Volksboten" weitergegeben. Nach dem Besuch des Gymnasiums in Parchim absolvierte er in Lübeck eine Apothekerlehre.

1901 zog er nach Berlin, schloss sich der Dichtergruppe „Neue Gemeinschaft" in Friedrichshagen um die Brüder Hart an und wurde 1902 Redakteur bei der anarchistischen Zeitschrift „Der arme Teufel" und 1905 beim „Weckruf" (in Zürich).

In München, wo er seit 1908 lebte, gründete er die dem Sozialistischen Bund angehörenden Gruppen „Tat" und „Anarchist". 1910 wurde er verhaftet, wegen „Geheimbündelei" angeklagt und schließlich freigesprochen. Als Zentralfigur der Schwabinger Bohème war er befreundet mit Heinrich Mann, Frank Wedekind und Lion Feuchtwanger.

Mühsam war Mitarbeiter des Münchner Kabaretts und verschiedener satirischer Zeitschriften wie dem „Simplicissimus" und der „Jugend". Von 1911 bis 1919 gab er die Zeitschrift „Kain. Zeitschrift für Menschlichkeit" heraus, allerdings nicht während der Zeit des Ersten Weltkrieges. Am 15. September 1915 heiratete er Kreszentia Elfinger, genannt Zenzl, die ihren Sohn Siegfried in die Ehe brachte.

Im Zuge der Novemberrevolution wurde Mühsam Ende 1918 in München Mitglied des Revolutionären Arbeiterrats und befürwortete nach der Absetzung des Königs und der Ausrufung des Freistaates Bayern als demokratische Republik eine bayerische Räterepublik.

Nach der Ermordung des bayerischen Ministerpräsidenten Kurt Eisner durch einen rechtsextremen Attentäter gehörte er mit Ernst Toller und Gustav Landauer zu den Initiatoren und Anführern der ersten Phase der Münchner Räterepublik ab dem 7. April 1919.

Nachdem die Räterepublik am 2. Mai 1919 durch Reichswehr und rechtsnationale Freikorpsverbände niedergeschlagen worden war, verurteilte man Mühsam als „treibendes Element" zu 15 Jahren Festungshaft.
Nach seiner Entlassung Ende 1924 auf Grund einer Amnestie zog er nach Berlin und gab die anarchistische Zeitschrift „Fanal" heraus. Darin veröffentlichte er 1930 in einem Nachruf eine überaus positive Würdigung der Lebensleistung Silvio Gesells, des Begründers der Freiwirtschaftslehre, der in Oranienburg gestorben war.
1925 bis 1929 engagierte er sich in der KPD-nahen „Roten Hilfe" und setzte sich für die Entlassung politischer Gefangener ein.
In den Jahren 1931 bis 1933 veröffentlichte er unter dem Pseudonym „Tobias" politisch-satirische Beiträge für den „Ulk", die Wochenbeilage des „Berliner Tageblattes". Als Sonderheft seiner Zeitschrift „Fanal" erschien 1932 kurz vor der Machtergreifung durch die Nationalsozialisten seine programmatische Schrift „Die Befreiung der Gesellschaft vom Staat" mit dem Untertitel „Was ist kommunistischer Anarchismus?".
Nach dem Reichstagsbrand 1933 wurde Erich Mühsam von der SA verhaftet und am 10. Juli 1934 im KZ Oranienburg nach über 16-monatiger „Schutzhaft" von SS-Männern ermordet. Er solle sich umbringen, sonst würde das die SS tun, wurde ihm zuvor nahe gelegt. Die Meldung in der nationalsozialistischen Presse lautete dementsprechend auch: „Der Jude Erich Mühsam hat sich in der Schutzhaft erhängt."
Seine Mithäftlinge traten später dieser Darstellung entgegen und berichteten von seiner Ermordung im Zimmer des Lagerkommandanten. Auch die internationale Presse meldete seinen Tod als Mord des Naziregimes. Mühsam selbst hatte in der Nacht vor seinem Tod gesagt, er werde sich niemals das Leben nehmen.
Seine Frau berichtete von der Übergabe der Leiche: „Der Sarg wurde geöffnet. Vor mir lag mein Mann. Das Gesicht war bleich, aber ganz, ganz ruhig. Ein Streifen am Hals zeigte mir die Spuren

des Strickes. Mein Schwager Hans sagte: ‚Entschuldige, mein Bruder, ich bin ein alter Arzt', zog ihm das Hemd aus, der Rücken war vollkommen verprügelt, und getötet war er durch eine Giftinjektion und tot aufgehängt im Abort."

> „In der letzten Zeit wurden ziemlich viele Kameraden entlassen, und ich freue mich für jeden, der nach Hause kommt, am meisten gerade für die, die ich hier vermissen werde. Mit meiner eigenen Heimkehr wird es wohl noch einige Zeit dauern; jedenfalls bin ich völlig frei von Illusionen."
>
> Aus: Brief von Erich Mühsam an Zenzl Mühsam aus dem KZ Oranienburg 1934

Erich Mühsam wurde auf dem Waldfriedhof in Berlin-Dahlem beigesetzt. Seit 1989 arbeitet und forscht die Erich-Mühsam-Gesellschaft in Lübeck im Andenken an ihn. In Oranienburg wurde zur Erinnerung auf dem Gelände des ehemaligen Konzentrationslagers ein Gedenkstein errichtet und 1994 am Haus Erich-Mühsam-Straße Nr. 10 eine Gedenktafel angebracht.
Neben Aufsätzen und Sachbüchern („Die Homosexualität. Ein Beitrag zur Sittengeschichte unserer Zeit" 1903) veröffentlichte er Gedichte („Die Wüste" 1904, „Brennende Erde. Verse eines Kämpfers" 1920) und Dramen („Die Hochstapler. Lustspiel in vier Aufzügen" 1906, „Judas. Arbeiter-Drama in fünf Akten" 1921, „Staatsräson. Ein Denkmal für Sacco und Vanzetti" 1929).
In der Festungshaftzeit schrieb er u. a. den „Rotgardistenmarsch" und das durch den Sänger Ernst Busch berühmt gewordene Spottlied „Der Revoluzzer" („War einmal ein Revoluzzer/im Zivilstand Lampenputzer;/ging im Revoluzzerschritt/mit den Revoluzzern mit ...")
Postum erschien „Namen und Menschen. Unpolitische Erinnerungen" (1949).

Das KZ Sachsenhausen existierte ab 1936. Ca. 200.000 Menschen aus 35 Ländern waren hier bis zu seiner Auflösung im April 1945 eingesperrt, viele von ihnen wurden gefoltert und getötet, unter ihnen Verleger, Schriftsteller und Journalisten.

Karl Schnog (1897-1964) war als Häftling in den KZ Dachau, Sachsenhausen und Buchenwald.
Der Sohn eines Handwerkers absolvierte nach dem Besuch der Volksschule eine kaufmännische Lehre. Er nahm als Soldat am Ersten Weltkrieg teil und engagierte sich 1918 in einem Arbeiter- und Soldatenrat. Nach dem Ende des Krieges nahm er Sprach- und Schauspielunterricht und trat anschließend als Darsteller und Conférencier an diversen Theatern und literarischen Kabaretts in Berlin und anderen Städten auf.
Ab 1925 war er freier Schriftsteller und ab 1927 Sprecher beim Rundfunk, für den er (als einer der Pioniere dieses Genres) auch Hörspiele verfasste.
Nach der nationalsozialistischen Machtergreifung 1933 floh er ins Ausland. Er ging zunächst in die Schweiz und gelangte schließlich im Oktober 1933 über Frankreich nach Luxemburg. Dort war er in den folgenden Jahren Mitarbeiter verschiedener Luxemburger Zeitungen und Organe der deutschen Exilpresse wie der „Deutschen Freiheit" und des „Neuen Vorwärts".
Schnog, dem 1936 die deutsche Staatsbürgerschaft aberkannt worden war, versuchte vergeblich, in die Vereinigten Staaten zu emigrieren. Nach dem Einmarsch der Wehrmacht in Luxemburg wurde er im Mai 1940 von der Gestapo verhaftet.
Nach seiner Befreiung aus dem KZ kehrte er 1945 nach Luxemburg zurück, wo er beim UNO-Sender tätig war. 1946 ging er in die sowjetische Besatzungszone. Dort wirkte er als Chefredakteur der Satirezeitschrift „Ulenspiegel" und von 1948 bis 1951 als Redakteur beim Berliner Rundfunk.
Anschließend lebte er wieder als freier Schriftsteller in Berlin, schrieb Erzählungen, Satiren, Gedichte („Jedem das Seine"

1947), Theaterstücke und Kabarett-Texte. 1960 veröffentlichte er eine Biographie über Charlie Chaplin.

> **Nackte Aussage**
>
> Ich habe so tief im Elend gesteckt,
> Ich schien verloren, verkommen, verdreckt.
> Gejagt ward ich und gepeinigt.
> Erst, wenn ich sage, was ich sah,
> Erst wenn ich schreibe, was geschah,
> Bin ich vom Schmutz gereinigt.
>
> Aus: „Jedem das Seine" 1947

Der Journalist und ausgebildete Lehrer **Karl Veken** (1904-1971), seit 1933 im Widerstand gegen den Nationalsozialismus aktiv, wurde 1934 wegen „Hochverrats" zu Zuchthaushaft verurteilt. Nach seiner Entlassung 1936 ging er in die Emigration in die ČSR, später nach Paris. 1940 bekam das KPD-Mitglied den Auftrag, zur illegalen Arbeit zurück nach Deutschland zu gehen, wo er wieder in die Hände der Gestapo fiel und 1944 ins Konzentrationslager Sachsenhausen kam – bis zum Kriegsende.
Nach der Befreiung vom Nationalsozialismus arbeitete er als Lehrer und Schulleiter in Berlin, begann gleichzeitig für Kinder zu schreiben und entschied sich schließlich für den Schriftstellerberuf. In abenteuerlichen Geschichten stellte er häufig „seine jungen Helden mitten in die Kämpfe der Zeit" („Vier Berliner Rangen" 1954, „Der Kellerschlüssel" 1955). Persönliche Erlebnisse als Widerstandskämpfer und Häftling sind der reale Hintergrund für die Fabeln in seinen beiden Romanen „Auf Tod und Leben" (1961) und „Jagd ohne Gnade" (1969). Mit seiner Frau Katharina Kammer gemeinsam schrieb er das erfolgreiche Jugendbuch „Die unromantische Annerose. Tagebuch einer Achtzehnjährigen" (1964).

Der Verleger **Peter Suhrkamp** (1891-1959), der bis April 1944 den S. Fischer Verlag leitete und 1950 seinen eigenen Verlag – Suhrkamp –gründete, war 1945 zwei Wochen in Sachsenhausen inhaftiert. Von der schweren Lungenkrankheit, die er in dieser Zeit erlitt, sollte er sich nie wieder richtig erholen.

Suhrkamp, der Germanistik studiert, zunächst als Lehrer, Dramaturg und Regisseur und seit 1929 als Journalist in Berlin („Berliner Tageblatt", „Uhu") gearbeitet hatte, wurde 1932 Mitarbeiter des S. Fischer Verlages, anfangs als Herausgeber der Verlags-Zeitschrift „Die Neue Rundschau", von 1933 an gehörte er dem Vorstand an.

1936 kaufte er den Teil des S. Fischer Verlages, der nicht von Gottfried Bermann Fischer, dem Inhaber und Schwiegersohn des Verlagsgründers Samuel Fischer, ins Exil nach Wien transferiert werden konnte, und führte ihn bis 1944 unter schwierigsten Bedingungen weiter.

Am 13. April 1944 wurde er wegen dringenden Verdachts der „Vorbereitung zum Hoch- und Landesverrat" von der Gestapo verhaftet. Ein Verlagsmitarbeiter, der ein Spitzel war, hatte belastendes Material gegen ihn gesammelt: Suhrkamp verlege nicht nur weiterhin Autoren wie Hermann Hesse, Otto Flake und Oskar Loerke, sondern mache auch verdächtige Auslandsreisen und habe Kontakt zu subversiven Widerstandskreisen.

Zum Prozess kam es nicht, man lieferte den Verleger ins Gestapo-Gefängnis in der Lehrter Straße ein und anschließend, am 25. Januar 1945, ins Konzentrationslager Sachsenhausen. Zwei Wochen darauf, am 8. Februar 1945, wurde er auf dem Höhepunkt einer schweren Lungenkrankheit entlassen und ins Städtische Krankenhaus in Potsdam gebracht. Verschiedene Persönlichkeiten hatten sich für seine Freilassung eingesetzt, darunter die Schriftsteller Gerhart Hauptmann und Hans Carossa.

> „Ende Januar [im Februar] erschien Suhrkamp morgens um 4 Uhr nach durch zwei Fliegeralarme unterbrochener Fahrt von Oranienburg in Potsdam und klingelte an Kasacks Haustür. Frau Kasack öffnete und prallte beim Anblick eines totenkopfähnlichen Gesichtes zurück, worauf ihr ein Zettel hingehalten wurde mit den Worten: Lesen Sie, ich bin wirklich entlassen." Aus: Brief des Verlegers Henry Goverts an Hermann Hesse vom 1. Mai 1945
>
> „Die letzte Nachricht über mich werden Sie durch Herrn Goverts bestimmt noch erhalten haben. Er war kurz vor der hiesigen letzten Katastrophe bei mir im Krankenhaus in Potsdam, wenige Tage vor der Zerstörung von Potsdam, wobei das Krankenhaus, in dem ich lag, nicht weniger als fünf Volltreffer bekam, und der Tod wieder (zum wievielten Mal im letzten Jahr!) hart meinen Rücken streifte. Damals verließ ich als noch schwer Kranker das Krankenhaus, um in den kommenden Tagen bei meiner Frau zu sein. Da ich auf diese Weise keine eigentliche Rekonvaleszenz hatte, habe ich mich nur sehr schwer und auch bis jetzt nur sehr schlecht erholt." Aus: Brief von Peter Suhrkamp an Hermann Hesse vom 13. November 1945
>
> „Um Peter spüre ich immer Sorge. Er soll aufpassen. Er ist so unentbehrlich." Aus: Brief von Hermann Hesse an Annemarie Suhrkamp Ende 1945

Nach der Kapitulation der deutschen Wehrmacht erhielt er am 17. Oktober 1945 die erste Verlagslizenz von der britischen Militärregierung in Berlin und begann mit dem Neuaufbau des Unternehmens. Er kooperierte zunächst mit Bermann Fischer, 1950 kam es jedoch statt zur ins Auge gefassten Fusion zum Bruch zwischen Bermann Fischer und Suhrkamp und zur Gründung des Suhrkamp Verlags (sowie zur Neugründung des S. Fischer Verlags in Frankfurt am Main). Die Gründung des „neuen" Suhr-

kamp Verlags ging maßgeblich auf Initiative von Hermann Hesse zurück, der ihn in dieser Hinsicht moralisch unterstützte.
Suhrkamp war in den 1950er Jahren Verleger von Autoren wie Theodor W. Adorno, Samuel Beckett, Bertolt Brecht, T. S. Eliot, Max Frisch, Ernst Penzoldt, Rudolf Alexander Schröder, Martin Walser, Herrmann Hesse und Carl Zuckmayer. Er schrieb aber auch selbst („Brief an einen jungen Freund" 1951, „Munderloh. Fünf Erzählungen" 1957) und übersetzte.

Fritz Selbmann (1899-1975) war ein Widerstandskämpfer und in der DDR Parteifunktionär, Minister und Schriftsteller.
Der Sohn eines Kupferschmiedes arbeitete bereits mit 17 Jahren unter Tage im Bochumer Kohlerevier, war Soldat im Ersten Weltkrieg und 1918 Mitglied eines Arbeiter- und Soldatenrates. 1920 trat er in die USPD ein und 1922 in die KPD. In der Weimarer Republik wurde er mehrfach wegen politischer Tätigkeit verhaftet und zu Gefängnisstrafen verurteilt. Er war vom 4. Oktober 1930 bis zu seiner Mandatsniederlegung am 22. August 1932 Mitglied des Preußischen Landtages, 1932/33 Mitglied des Reichstages und politischer Sekretär in den Bezirken Oberschlesien und Sachsen.
„Mein Leben ist in jedem Sinne dieses Wortes ein politisches Leben", schrieb Selbmann in seiner Autobiographie „Alternative – Bilanz – Credo. Versuch einer Selbstdarstellung" 1969. „Das will sagen, dass es nur Sinn und einige Bedeutung hat, insoweit es im Kontext mit dem politischen Geschehen in meinem Erlebnisbereich, in Abhängigkeit und in Wechselwirkung von und mit ihm verlaufen ist."
1933 wurde er verhaftet und sieben Jahre lang in Zuchthäuser eingesperrt. Von 1940 bis 1942 war er Häftling im KZ Sachsenhausen und von 1942 bis zum Ende des Krieges im KZ Flossenbürg.
Über diese Zeit der Inhaftierungen berichtete er in seinem Roman „Die lange Nacht" (1961), „einem Werk, das man als einen

durchgängig autobiographischen und in allem Faktischen authentischen Tatsachenroman oder auch, wenn man will, als eine etwas verfremdete Chronik des Lagergeschehens ansehen kann", wie er selbst sagte.

In Sachsenhausen arbeitete Selbmann u. a. im Klinkerwerk, dessen Funktion und Zustände er in der „Langen Nacht" ausführlich darstellte: „Das Kommando Klinkerwerk ist das zahlenmäßig stärkste Arbeitskommando des Lagers. 4.000 Häftlinge marschieren jeden Morgen um 6 Uhr nach dem Morgenappell durch das Tor, im Gleichschritt und unbedeckten Kopfes. Der Marsch geht zur Lehnitzschleuse. Dort erstreckt sich ein riesiges Industriegelände. Gewaltige Hallen erheben sich auf diesem Gelände, Zementsilos, Ofenanlagen zum Brennen von Ziegeln für die vielen SS-Bauten im ganzen Reich. Über den ganzen großen Bereich verstreut sind Werkstätten, Baracken, Krane, Gleisanlagen. Am Rande des Industriegeländes befinden sich Moor- und Sumpfgebiete, die entwässert und trockengelegt werden ..."

Nach der Befreiung vom Nationalsozialismus hatte Selbmann in der Sowjetischen Besatzungszone und in der DDR hohe Funktionen inne, u. a. als Minister für Schwerindustrie und als stellvertretender Vorsitzender der Staatlichen Plankommission.

1954 bis 1958 war er Mitglied des ZK der SED. Wegen „abweichender Haltung" wurde er von Walter Ulbricht 1958 im Umfeld der so genannten Schirdewan-Wollweber-Fraktion in der SED-Führung aus seinen politischen und staatlichen Ämtern gedrängt und verlegte sich aufs Schreiben.

Bis zu seinem Tod lebte er als freischaffender Schriftsteller in Berlin, zuletzt in Müggelheim. Von 1969 bis 1975 war er einer der Vizepräsidenten des DDR-Schriftstellerverbandes. Seine Urne wurde in der Gedenkstätte der Sozialisten auf dem Zentralfriedhof Friedrichsfelde in Berlin-Lichtenberg beigesetzt. Eine Tafel an seinem Geburtshaus in Lauterbach in Hessen erinnert an sein Leben und Werk.

Heinrich Ruster (1884-1942), Sohn eines Lehrers und Konrektors einer Volksschule in Bonn, studierte katholische Theologie, später auch Philosophie und Pädagogik. Im Ersten Weltkrieg war er Kriegsfreiwilliger und gab nach Kriegsende sein Studium auf. Er betätigte sich als Schriftsteller und war ab 1925 Dozent an der Bibliothekarschule des Borromäusvereins Bonn. Er war Mitglied im Friedensbund Deutscher Katholiken.
Ruster veröffentlichte zahlreiche Arbeiten und Bücher über christliche Werte und philosophische Fragen. In den 1930er Jahren trat er mit antinazistischen Reden öffentlich auf. Wegen seiner öffentlich geäußerten Weigerung, Adolf Hitler religiös zu überhöhen, wurde er 1937 schließlich in Bonn verhaftet und von einem Kölner Sondergericht wegen Verstoßes gegen das „Heimtückegesetz" zu vier Monaten Gefängnis verurteilt.
Im Januar 1940 wurde er erneut verhaftet, diesmal von der Gestapo. Ihm wurde vorgeworfen, „böswillig gehässige, hetzerische und von niedriger Gesinnung zeugende Äußerungen über leitende Persönlichkeiten des Staates oder der NSDAP gemacht zu haben." Man verurteilte ihn zu einer Haftstrafe von zehn Monaten. Nach Verbüßung der Haft wurde er 1942 ins KZ Sachsenhausen überstellt. Er verstarb hier nach Misshandlungen an „allgemeiner Körperschwäche" (nach Angabe des Lagerarztes). Nach Angabe eines Mithäftlings wurde er ermordet.
Die katholische Kirche hat Heinrich Ruster als Glaubenszeugen in das deutsche Martyrologium des 20. Jahrhunderts aufgenommen.

Ein streitbarer Kirchenmann und nach 1945 einer der bekanntesten Köpfe der Friedensbewegung in der BRD und weltweit war **Martin Niemöller** (1892-1984). Von 1938 bis 1941 war er als „persönlicher Gefangener" Adolf Hitlers im KZ Sachsenhausen.
Geboren wurde Niemöller in Lippstadt in Westfalen. Schon als Kind wollte er zur Marine. Als junger Mann war er während des Kaiserreiches und insbesondere während der Zeit des Ersten

Weltkrieges ein strammer Marineoffizier, der mit seinen U-Booten, die auch unter seinem Kommando standen, gegnerische Schiffe versenkte, darunter zahlreiche Dampfer mit Zivilpersonen an Bord.

Im November 1917 war er als Erster Offizier auf dem U 151 vor dem Hafen des senegalesischen Dakar im Einsatz. An Bord eines der Schiffe im Hafen befand sich der spätere Friedensnobelpreisträger Albert Schweitzer, der als Elsässer und damit Reichsdeutscher im französischen Gabun zusammen mit seiner Frau interniert worden war und nun mit anderen Internierten auf die Verschiffung nach Frankreich wartete. Ende der 1950er Jahre schrieb Schweitzer an Niemöller: „Lieber Herr Niemöller, Sie haben mir also tatsächlich aufgelauert und nach dem Leben getrachtet. Wenn es Ihnen geglückt wäre, hätten Sie jetzt einen braven Kumpan weniger im Anti-Atom Kampf. Da es sich schon so gefügt hat, wollen wir umso besser zusammenhalten. Ihr ergebener Albert Schweitzer."

Zweifel an seinem Tun kamen Niemöller schon während des Krieges, auch wenn er noch keineswegs bereit war, Verantwortung zu übernehmen. „Und plötzlich breitete sich das ganze Rätsel ‚Krieg' vor unsern Augen aus; mit einemmal wußten wir aus einem Stückchen eigenen Erlebens um die Tragik der Schuld, der zu entgehen der einzelne kleine Mensch einfach zu schwach und zu hilflos ist", heißt es in seinem Erlebnisbuch „Vom U-Boot zur Kanzel", das 1934 erschien und mit einer Auflage von über 90.000 Exemplaren ein großer Erfolg in Deutschland wurde.

1919 heiratete er Else Bremer, die Schwester seines im Krieg gefallenen Freundes Hermann Bremer. Im Jahr darauf begann er in Münster Evangelische Theologie zu studieren (bis 1923), nachdem der Versuch, ein Gehöft zu erwerben und als Bauer zu leben, gescheitert war.

Niemöller blieb Monarchist und lehnte die Weimarer Republik ab. Während der Niederschlagung des Ruhraufstandes 1920 war er als Kommandeur eines Bataillons des Freikorps Akademische

Wehr Münster gegen die aufständischen Arbeiter der Roten Ruhrarmee im Einsatz. Seit 1924 wählte er nationalsozialistisch. 1931 wurde er dritter Pfarrer der Evangelischen Kirchengemeinde Berlin-Dahlem. Dort erlebte er die Machtübernahme durch die NSDAP am 30. Januar 1933 und stand ihr, nachdem er anfangs noch die Einführung des „Führerstaates" begrüßt hatte, zunehmend skeptisch gegenüber. („Aber dem lebendigen Gott selber, der über all diesen Ordnungen steht, ist unser Volk noch nicht aufs Neue begegnet ...")
Insbesondere die Vermischung von politischen Aussagen mit dem Glaubensbekenntnis lehnte er strikt ab, und nachdem der Arierparagraph eingeführt worden war, rief er im September 1933 als Reaktion auf die Entfernung von „Nichtariern" aus Kirchenämtern zur Gründung eines Pfarrernotbundes auf, dem Vorläufer der Bekennenden Kirche.
Die Bekennende Kirche (BK) war eine Oppositionsbewegung evangelischer Christen gegen die Versuche einer Gleichschaltung von Lehre und Organisation der Deutschen Evangelischen Kirche (DEK). Sie verstand sich seit ihrer Gründung im Mai 1934 als einzige rechtmäßige evangelische Kirche im Deutschen Reich, indem sie den Nationalsozialismus und die Lehren der Deutschen Christen als unchristliche Irrlehren „verwarf" (Barmer Theologische Erklärung 1934) und sich gegen staatliche und innerkirchliche Übergriffe auf das christliche Glaubensbekenntnis zur Wehr setzte.
Am 25. Januar 1934 kam es bei einem Empfang von Kirchenführern in der Reichskanzlei zu einem Wortwechsel zwischen Hitler und Niemöller. Als der Pfarrer seine Sorge „um Volk und Vaterland, um das dritte Reich" äußerte, entgegnete „der Führer: ‚Die Sorge um das dritte Reich überlassen Sie mir, und sorgen Sie für die Kirche!'" (Niemöller berichtet über diesen Eklat selbst in einem vertraulichen Rundbrief an die Notbundpfarrer.)
Niemöllers Vorträge und Predigten galten zunehmend als oppositionell, er scheute sich nicht, Unrecht zu benennen und die staat-

liche Kirchenpolitik zu attackieren. So wandte er sich zusammen mit Hunderten anderen Pfarrern gegen verbale Angriffe Alfred Rosenbergs, des Chefideologen der Nationalsozialisten, was 1935 zu seiner ersten Verhaftung führte.

> „Als die Nazis die Kommunisten holten, habe ich geschwiegen; ich war ja kein Kommunist.
> Als sie die Sozialdemokraten einsperrten, habe ich geschwiegen; ich war ja kein Sozialdemokrat.
> Als sie die Gewerkschafter holten, habe ich geschwiegen; ich war ja kein Gewerkschafter.
> Als sie mich holten, gab es keinen mehr, der protestieren konnte."
>
> 1967, von Martin Niemöller 1979 autorisiert

Am 1. Juli 1937 wurde er erneut verhaftet. Man warf ihm vor, „seit langer Zeit in Gottesdiensten und Vorträgen Hetzreden geführt, führende Persönlichkeiten des Staates verunglimpft und unwahre Behauptungen über staatliche Maßnahmen verbreitet" zu haben. Er sollte vor der Öffentlichkeit des In- und Auslandes als Staatsfeind verurteilt werden, womit man auch eine Kriminalisierung der Bekennenden Kirche erreichen wollte.
Doch Niemöllers Verhaftung löste eine Welle der Solidarität innerhalb und außerhalb Deutschlands aus. Seine eigene Gemeinde in Berlin-Dahlem versammelte sich jeden Abend in der St.-Annen-Kirche zu einem Fürbittgottesdienst für alle Gefangenen.
Am 7. Februar 1938 begann schließlich der Prozess vor dem Sondergericht in Berlin-Moabit. Am 2. März wurde Martin Niemöller zu sieben Monaten Haft verurteilt, die er jedoch durch seine Untersuchungshaft bereits verbüßt hatte. Er kam nicht frei, sondern wurde gleich am Ausgang des Gerichtsgebäudes von der Gestapo erneut verhaftet und in das Konzentrationslager Sachsenhausen gebracht.

Niemöllers Status als „persönlicher Gefangener des Führers" in Sachsenhausen war nicht eindeutig definiert. „Er bedeutete Schutz, insofern der Gefangene nicht der Willkür des Lagerkommandanten ausgesetzt war. Entscheidungen über ihn wurden vom Sicherheitsdienst in Berlin gefällt", schreibt Michael Heymel in seiner Niemöller-Biographie „Vom Marineoffizier zum Friedenskämpfer" (2017).

Der prominente Häftling befand sich nicht im großen Häftlingslager zwischen den anderen Häftlingen, sondern war im Zellenbau, dem Gefängnis des Lagers, in einer Einzelzelle untergebracht. „Durch diese abseitige Inhaftierung war er von den anderen Häftlingen getrennt und hermetisch abgeschlossen und hatte mit ihnen keine Verbindung. Man kann sagen, er war lebend begraben auf unbestimmte Zeit. Denn er sah jeden Tag, Monat und Jahr nur seine Zellenwände", berichtete Anfang der 1950er Jahre Ernst Eggert, ein ehemaliger Mithäftling, der im Zellenbau Kalfaktor war.

Obwohl er regelmäßig Besuche von seiner Frau erhielt (die auf eine halbe Stunde beschränkt waren), zur ärztlichen Behandlung nach Berlin gefahren wurde und Briefe schreiben und empfangen durfte (die zensiert wurden), litt er zunehmend unter der Einsamkeit.

Klang er am Anfang in seinen Briefen noch relativ optimistisch – „Einmal wird ja doch die Stunde der Freiheit schlagen; und ich hoffe doch, Euch alle noch mal in diesem Leben wiederzusehen." 6.4.1938; „Gesundheitlich bin ich wieder ganz in Ordnung, im Übrigen kämpfe ich mich mit Bibel und Gesangbuch von einem Tag zum andern durch." 24.4.1938 – so sprach er am 3.5.1938 bereits davon, dass es seelisch mit ihm auf und ab gehe „wie bei einem Schiff, das im Sturm vor Anker liegt."

In der zweiten Hälfte des Jahres 1940, als ein Ende der Haft immer noch nicht abzusehen war, stellten sich Depressionen ein. „Sie gingen bis in die Tiefe der Existenz, bis an den Rand von Zweifel und Kapitulation", wusste Wilhelm Niemöller, sein Bru-

der, der die „Briefe aus der Gefangenschaft. Konzentrationslager Sachsenhausen (Oranienburg)" 1979 herausgab.
So heißt es zum Beispiel in einem Brief Martin Niemöllers an seine Frau Else am 20.7.1940: „Im Ganzen bin ich eben leider nicht auf der Höhe; die Reserven sind wohl ziemlich verbraucht, der Körper will nicht recht mit seinen restlichen 118 Pfund, der Kopf meutert wieder, dazu der Ischias und die Glieder und Gelenke; und mein Geist – soweit noch davon die Rede sein kann – ist so apathisch geworden, daß ich seit fast 14 Tagen nur noch das Losungsbüchlein und das Brevier lese. Dabei scheint mir die Zeit – zumal nachts – einfach stillzustehen: garschtich!"
Und am 6.10.1940 wurde er regelrecht sarkastisch (was sonst nicht seine Art war): „Mein Dasein ist ja ohnehin nicht viel mehr als das Leben eines Affen im Zoo, vielleicht sogar weniger; denn ich bin ja nun tatsächlich völlig vereinsamt."
Worüber er nie schrieb und auch später nicht sprach: Wenn die Häftlinge im Zellenbau gefoltert wurden, erlebte er aus nächster Nähe mit, was geschah. Nach seiner Befreiung äußerte er im Rückblick lediglich: „Und wenn man mich fragt. War es wirklich so schlimm? Dann kann ich nur sagen: Es war tausendmal schlimmer."
1941 wurde Niemöller ins Konzentrationslager Dachau verlegt. Dort war eine große Zahl Geistlicher verschiedener Konfessionen aus Deutschland, Österreich und den von deutschen Truppen besetzten Nachbarstaaten – vor allem aus Polen – inhaftiert. Als Sonderhäftling wurde er allerdings nicht wie die meisten Geistlichen im Pfarrerblock, sondern im „Ehrenbunker", einem abgegrenzten Sonderbereich im Arrestblock, gefangen gehalten.
1945 wurde er während eines Hinrichtungstransportes nach Südtirol zunächst von deutschen, dann von amerikanischen Soldaten befreit. Bis zum 19. Juni 1945 musste er amerikanischen Dienststellen noch in Italien zur Verfügung stehen, bevor er nach einem Hungerstreik nach Deutschland zurückkehren konnte.

Nach dem Krieg engagierte er sich in vielen gesellschaftlichen Bereichen, wobei er mit seinem Auftreten und mit seinen Ansichten immer wieder polarisierte.
So wirkte er einerseits am so genannten Stuttgarter Schuldbekenntnis der Evangelischen Kirche in Deutschland (EKD) mit, andererseits verurteilte er die Flächenbombardements gegen die deutsche Zivilbevölkerung durch die Alliierten und die Vertreibungen im Osten.
Scharf kritisierte er die Gründung der Bundesrepublik Deutschland („In Rom gezeugt und in Washington geboren."), die Wiederbewaffnung Deutschlands, die Positionen der Kirche im Kalten Krieg sowie die Rüstungspolitik der Großmächte. 1954 wandte er sich radikal pazifistischen Positionen zu; er lehnte die Wehrpflicht ab. In Zeiten von ABC-Waffen schien ihm Krieg nicht nur absurd, sondern christlich unverantwortbar zu sein. 1958 war er einer der prominenten Teilnehmer der Kampagne „Kampf dem Atomtod".

„Die Menschheit hat heute einen Anspruch darauf, daß Politiker und Militärs, die einen Krieg noch als Mittel der Politik ansehen und ihn etwa sogar vorbereiten, als Wahnsinnige erkannt und behandelt werden. [...]
Die wahren Beschützer und Erhalter des Staates sind, wie ich als Präsident der Deutschen Friedensgesellschaft/Vereinigte Kriegsdienstgegner einmal gesagt habe, sowohl die Kriegsdienstverweigerer aus Gewissensgründen als auch die Kritiker und Nichtbefolger von sogenannten Notstandsgesetzen."

Aus: „Dreißig Jahre Bundesrepublik". In: „Blätter für deutsche und internationale Politik" 1/1979

Zunehmend betrachtete Niemöller politische Entscheidungen als Glaubensentscheidungen. Die Frage „Was würde Jesus dazu sagen?" wurde zu einem Markenzeichen seines Denkens. Immer wieder griff er die bundesdeutsche Politik an und unterstützte die außerparlamentarische Opposition, indem er zum Beispiel an den Ostermärschen teilnahm oder gegen den NATO-Doppelbeschluss vom Dezember 1979, der die Aufstellung neuer Atomraketen vorsah, protestierte.

Seine Frau Else kam 1961 bei einem Verkehrsunfall in Dänemark ums Leben, 1971 heiratete er Sibylle Donaldson, geborene von Sell, der er einst in Berlin-Dahlem Konfirmandenunterricht erteilt hatte.

Im Januar 1980 überließ er seine Grabstelle auf dem St.-Annen-Kirchhof in Berlin-Dahlem dem verstorbenen Studentenführer Rudi Dutschke.

Bis zu seinem Tod 1984 lebte er in Wiesbaden, begraben ist er auf der Grabstätte seiner Familie in Lotte-Wersen bei Osnabrück.

„Immer wieder war er ein Stein des Anstoßes – innerhalb und außerhalb der Kirche", schreiben die Herausgeber eines Niemöller-Lesebuchs 1987 in ihrem Vorwort. „Entscheidungen, die er für seine Person getroffen hatte, wurden zum Anlaß öffentlicher Fehden. Ursache dafür ist, daß dieser Mann in kein bequemes Schema zu pressen ist. Kaum hatte man ihn irgendwo eingeordnet und seine Position definiert, da war er schon wieder aufgebrochen."

Niemöller wurden vielfache Ehrungen zuteil. Er erhielt unter anderem den Lenin-Friedenspreis der UdSSR, das Großkreuz des Bundesverdienstordens, die Albert-Schweitzer-Friedensmedaille, die Deutsche Friedensmedaille der DDR in Gold und die Carl-von-Ossietzky-Medaille der Internationalen Liga für Menschenrechte (1983). Verliehen wurden ihm Ehrendoktorwürden in Eden/USA, Budapest, Göttingen, Halifax/Chicago, Neu-Delhi und Chicago und die Ehrenbürgerschaft der Stadt Wiesbaden.

Kirchen, Schulen und ca. 30 Straßen und Plätze tragen heute seinen Namen; in Berlin-Dahlem wird das Martin-Niemöller-Haus, das ehemalige Pfarrhaus der Evangelischen Kirchengemeinde, in dem Niemöller in seiner Zeit als Gemeindepfarrer von 1932 bis zu seiner Verhaftung 1937 mit seiner Familie lebte, vom „Friedenszentrum Martin-Niemöller-Haus e. V." genutzt. Zudem gibt es hier einen „Erinnerungsort Martin Niemöller" in seinem ehemaligen Arbeitszimmer.

Neben der frühen Autobiographie 1934 veröffentlichte er u. a. „‚… zu verkünden ein gnädiges Jahr des Herrn!' Sechs Dachauer Predigten" 1946 und die „Dahlemer Predigten" (Kritische Ausgabe 2011, hrsg. von Michael Heymel).

Eine Auswahl seiner Texte ist enthalten in „Martin Niemöller. Ein Lesebuch" 1987 und in „Gewissen vor Staatsräson. Ausgewählte Schriften" 2016.

Sehr zu empfehlen ist der Film „Martin Niemöller – Was würde Jesus dazu sagen? Eine Reise durch ein protestantisches Leben", erstaufgeführt 1985, Drehbuch und Regie Hannes Karnick und Wolfgang Richter.

Arnold Weiss-Rüthel (1900-1949), ein geborener Münchner, war von 1934 bis 1936 Leiter der Zeitschrift „Jugend". Seine Erzählung „Musketier Reue" erschien 1929 in der Anthologie „24 neue deutsche Erzähler", die Hermann Kesten im Gustav Kiepenheuer Verlag herausgab. Darüber hinaus lieferte er zahlreiche Beiträge für den „Simplicissimus".

Von 1940 bis 1945 war er im Konzentrationslager Sachsenhausen inhaftiert. Diese Zeit beschreibt er in seinem bekanntesten Werk „Nacht und Nebel. Ein Sachsenhausenbuch." Die ersten beiden Auflagen erschienen 1946 in München, die dritte 1949 im VVN-Verlag in Potsdam.

Mit diesem Buch lieferte Weiss-Rüthel viele wichtige Informationen über das Lager, wie es entstand, wie es gebaut und eingerichtet war, wie der Alltag aussah. Berührend und bedrückend schilderte er sein persönliches Schicksal und das seiner Mithäftlinge. „Am 18. April 1940, dem Tag, der in meinem Leben eine so einschneidende Rolle spielen sollte, erfolgte die Fahrt vom ‚Alex' [Alexanderplatz in Berlin] nach Sachsenhausen in mehre-

ren jener fensterlosen Lieferwagen, die der staatspolizeiliche Ordnungssinn zum Transport von Verbrechern aller Kategorien ersonnen hat. Zusammengepfercht bis aufs äußerste, sitzend die einen, die anderen stehend und das Ganze an jeder Kurve wild durcheinander geschüttelt, erreichten wir das Außentor des Lagers gegen 2 Uhr nachmittags."
Am 2. März 1945, nach fünfjähriger Haft, wurde er entlassen. Grund: Einzug zur Wehrmacht, die Front brauchte Soldaten. „Ein Blockführer begleitete uns durch den Kommandanturbereich, durch das große Außentor und bis zum äußersten Posten an der Straße nach Oranienburg. Ich war frei! Ein Singen lag in der Luft, ein seltsames Dröhnen und Brausen, als begleiteten mich Herrscharen fröhlicher Engel auf meinem Gang in das Leben ..."
Nach dem Zweiten Weltkrieg bis zu seinem Tod – von den Folgen der Haft erholte er sich nie vollständig – war Weiss-Rüthel Chefdramaturg bei Radio München. Er veröffentlichte Lyrik („Die Herzensuhr" 1947) und Prosa („Der verratene Soldat" 1947, „Gertraud oder das müde Herz" 1949).

Im KZ Sachsenhausen inhaftiert war der polnische Schriftsteller **Andrzej Szczypiorski** (1928-2000), nachdem er 1944 – als Sechzehnjähriger – am Warschauer Aufstand teilgenommen hatte.
Der Aufstand, der von den deutschen Besatzungstruppen niedergeschlagen wurde, „endete für ihn am 1. September 1944", wie seine Biographin Marta Kijowska schreibt. „Nach seiner Verhaftung hatte er gerade noch genug Zeit, um seine Soldatenkleidung abzulegen und sein verletztes Bein neu zu verbinden. Danach ging es zum Teatralny-Platz, dem Theaterplatz, wo sich bereits Tausende Zivilisten versammelt hatten. Seine Eltern waren ebenfalls dabei. Der ganzen Familie stand das gleiche Schicksal bevor: Für die Mutter lautete das Urteil ‚Ravensbrück', für ihn und seinen Vater – ‚Sachsenhausen'. Schon am nächsten Tag waren sie im Lager. Sie nahmen gemeinsam am ersten Appell teil, dann

wurden sie getrennt. Von jetzt an war Andrzej auf sich selbst gestellt. Er musste nicht nur ohne seine Eltern auskommen, sondern auch ohne sein Identität: Die frisch an seinem Unterarm eintätowierte Nummer lautete 95.936."
Szczypiorskis bekanntestes Werk ist der Roman „Der Anfang" (1986), in deutscher Sprache unter dem Titel „Die schöne Frau Seidenman" 1988 im Diogenes-Verlag erschienen. Darin schildert er verschiedene Schicksale – von Opfern und Tätern – in den Jahren 1941 bis 1943 in Warschau. Weitere Romane sind „Eine Messe für die Stadt Arras" (1971), „Den Schatten fangen" (1976), „Nacht, Tag und Nacht" (1991) und „Selbstportrait mit Frau" (1994). Darüber hinaus schrieb er Kurzgeschichten und Erzählungen, Essays, Feuilletons, Reportagen und Jugendbücher.
Szczypiorski setzte sich schon früh für die deutsch-polnische Aussöhnung ein, da er – tief mit der deutschen Literatur verbunden – die Deutschen, die er als Unterdrücker und Mörder erlebt hatte, nicht nur verurteilte. 1990 wurde er mit dem Kunst- und Kulturpreis der deutschen Katholiken ausgezeichnet, 1995 erhielt er für seine Bemühungen um die Aussöhnung zwischen Deutschen und Polen das Große Verdienstkreuz mit Stern der Bundesrepublik Deutschland.
Im Oktober 2006 wurde mit dem „Haus Szczypiorski" in unmittelbarer Nähe zum KZ Sachsenhausen in der Bernauer Straße (in der ehemaligen Dienstvilla des SS-Offiziers Theodor Eicke) eine internationale Jugendbegegnungsstätte eröffnet, die sich die Begegnung und Verständigung mit Polen zum Hauptziel gesetzt hat.

1940 war Norwegen von den deutschen Truppen besetzt worden. Etwa 20.000 politische Gefangene aus dem gesamten Land wurden ab 1941 in das Konzentrationslager Grini in Bærum südwestlich von Oslo eingeliefert, ein Lager der SS, das bis Kriegsende 1945 existierte.
3.400 der Häftlinge deportierte man in Konzentrationslager nach Deutschland oder in von Deutschland besetzte Gebiete, darunter

nach Sachsenhausen. Zu ihnen zählen der Dichter und Schriftsteller Ole Peter Arnulf Øverland und der Architekt und spätere Mitbegründer des Kinderhilfswerks der Vereinten Nationen UNICEF Odd Nansen, der ein Tagebuch während der Zeit seiner Inhaftierung schrieb („Von Tag zu Tag").

Ole Peter Arnulf Øverland (1889-1968) gehörte in den 1930er Jahren der sozialistischen Intellektuellengruppe „Mot Dag" („Dem Tag entgegen") an, die großen Anteil an der Verbreitung marxistischen Gedankenguts in Norwegen hatte. Er war u. a. mit Willy Brandt und dem Soziologen und Sexualforscher Wilhelm Reich befreundet, die damals in Norwegen im Exil lebten.
Wann er genau nach Sachsenhausen kam, ist nicht mehr feststellbar. Für seine Freilassung aus dem Lager setzte sich der bekannte schwedische Geograph und Reiseschriftsteller Sven Hedin ein, der gute Beziehungen zu hochrangigen Offiziellen des NS-Regimes unterhielt; er erreichte jedoch nichts.
Nach dem Krieg war Øverland zwischen 1947 und 1956 Vorsitzender des Riksmålsforbundet, einer kulturellen und politischen Vereinigung in Norwegen, und machte sich als Anwalt der inoffiziellen Sprachform Riksmål einen Namen.
Ein bekanntes Gedicht von ihm ist „Du må ikke sove" („Du darfst nicht schlafen"). Er schrieb auch atheistische und sprachpolitische Pamphlete.

Odd Nansen (1901-1973), Sohn des norwegischen Diplomaten, Polarforschers und Friedensnobelpreisträgers Fridtjof Nansen, gründete 1936 die Nansenhilfe für Flüchtlinge und Staatenlose. Ihr Büro wurde im Herbst 1942 von den norwegischen NS-kontrollierten Behörden geschlossen. Nansen war bereits im Januar des Jahres inhaftiert worden, kam ins Lager Grini und später nach Sachsenhausen.
Sein Tagebuch „Von Tag zu Tag" ist ein bewegendes menschliches und historisches Dokument. In norwegischer Sprache ge-

schrieben („Fra Dag Til Dag"), umfasst das Original drei Bände. Die beiden ersten behandeln seine Erlebnisse in norwegischen Lagern, der dritte Band deutsche Konzentrationslager, vor allem Sachsenhausen.

„Das Schreiben im Lager wurde für mich zu einer großen Hilfe", berichtet Nansen im Vorwort der Erstausgabe 1946. „Es war, als vertraue man sich einem nahen Freunde an und könne sein Herz erleichtern von allem, was es bedrückte – es wurde zu einer eigenen Art des Vergessens. Ich war glücklich mit meiner Erfindung und wurde immer erfinderischer darin, das, was ich geschrieben hatte, zu verstecken und hinauszuschicken."

War es im Lager Grini noch relativ unkompliziert gewesen, das Manuskript hinauszuschmuggeln, so war in Sachsenhausen „die Sache nicht so einfach. Nicht, dass die Geheimhaltung in diesem Lager besonders schwierig war. Dort wurde weniger nachgesucht. Es war auch leicht, eine Gelegenheit zum Schreiben zu finden. Schwierig war nur, das Geschriebene mitzunehmen, wenn wir das Lager verließen. Denn das bedeutete ‚Filzung' – eine Untersuchung auf Leib und Seele, und nichts Verbotenes kam durch."

Schließlich kam er auf die Idee, die Tagebuchseiten in einem Brotbrett zu verstecken. Das war ein Brettchen, auf dem man die tägliche Brotration schnitt, die Häftlinge hatten es auf den Transporten stets im Gepäck. In der Tischlerei wurden die Brotbretter heimlich mit der Kreissäge in zwei Blätter geschnitten, um sie anschließend, nachdem man die Manuskriptseiten in ausgehöhlte Vertiefungen gepresst hatte, wieder zusammenzuleimen. „In diesen sechs Brotbrettchen", so Nansen, „wurde das Tagebuch nach Norwegen gebracht."

Im April 1945 wurde er aus dem KZ Sachsenhausen befreit. In kurzer Zeit erschien „Von Tag zu Tag" in vielen Sprachen und Ländern, auf Deutsch erstmalig in einer gekürzten Ausgabe 1949 im Hans Dulk Verlag in Hamburg.

Jens Emil Mungard, ein bedeutender Dichter der nordfriesischen Sprache, starb 1940 im KZ Sachsenhausen.
Geboren wurde Mungard 1885 in Keitum auf der Insel Sylt vor der Nordseeküste Schleswig-Holsteins und Dänemarks. Er war der älteste Sohn des Sprachforschers und Schriftstellers Nann Peter Mungard. Bereits mit drei Jahren verlor er seine Mutter.
1910 übernahm er nach seiner Heirat mit Anna Andresen den väterlichen Hof in Keitum. Wirtschaftlich völlig unbegabt, hielt er sich mit seiner Frau – das Paar hatte vier Kinder – jedoch nur mühsam über Wasser. Als der Hof im Jahr 1921 abbrannte, verschlimmerte sich seine Situation zusehends. Er verlor den Hof schließlich ganz, wurde von seiner Frau geschieden und brach mit seiner Familie.
Ab 1909 erschienen erste Gedichte von ihm in friesischen Lesebüchern, viele weitere veröffentlichte er vor allem in der „Sylter Zeitung". Insgesamt verfasste er über 700 Gedichte, sechs Theaterstücke und zahlreiche Prosatexte.
Von den Nationalsozialisten, die 1933 an die Macht gekommen waren, erhoffte er sich zunächst eine Förderung der friesischen Kultur, für die er eintrat. Früh erkannte er jedoch den wahren Charakter der neuen Machthaber in Berlin und begann offen Opposition zu beziehen. In einigen seiner Gedichte prangerte er das Regime an, verspottete es.
1935 wurde er zum ersten Mal verhaftet. Weitere Verhaftungen folgten. Wegen seiner Kontakte zu niederländischen Westfriesen galt er auch als „national unzuverlässig". Im Schutzhaftbefehl vom 13. Juni 1936 hieß es: „Ihr bisheriges Verhalten rechtfertigt den dringenden Verdacht, daß Sie auch weiterhin im Ausland das Ansehen des Deutschen Reiches schwer schädigen."
1938 wurde Mungard mit einem Schreibverbot belegt. Als er dem keine Beachtung schenkte, wurde er Ende 1938 erneut verhaftet und ins Konzentrationslager Sachsenhausen gebracht, wo er 1940 an den Folgen der Haft verstarb.

Ströntistel es min bloom,
Ströntistel neem's uk mi.
Jü grööt üp dünemsön,
Ik üp des leewents-strön,
En proter haa wat biid!

Stranddistel ist meine Blume,
Stranddistel nennen sie auch mich.
Sie wächst auf Dünensand,
Ich auf diesem Lebens-Strand,
Und Stacheln haben wir beide!

Im Oktober 2011 fand in der Gedenkstätte Sachsenhausen die Einweihung einer Tafel statt, die an ihn erinnert. Das Denkmal mit einer Inschrift in friesischer und deutscher Sprache stifteten Friisk Foriining, ein 1923 gegründeter Verein zur Bewahrung und Förderung der friesischen Sprache und Kultur, und das Nordfriisk Instituut in Bredstedt, die zentrale wissenschaftliche Einrichtung in Nordfriesland für die Pflege, Förderung und Erforschung der friesischen Sprache, Geschichte und Kultur.
Mungards lyrisches Werk ist unter dem Titel „Ströntistel en Dünemruusen", herausgegeben von Hans Hoeg, 1995 bei Quedens in Norddorf auf Amrum erschienen.

Adolf Burger (1917-2016) spielte als Häftling eine wichtige Rolle als Fälscher im Rahmen der „Operation Bernhard" im KZ Sachsenhausen. Über diese Zeit schrieb er einen Tatsachenbericht, der erstmals 1945 in Prag („Nummer 64.401 erzählt") und auf Deutsch 1992 unter dem Titel „Des Teufels Werkstatt. Die Geldfälscherwerkstatt im KZ Sachsenhausen" erschien.
Burger wurde in Großlomnitz in der Hohen Tatra in Österreich-Ungarn, heute Slowakei, geboren. Nach dem Tod des Vaters übersiedelte die Mutter mit ihren vier Kindern nach Poprad. Nach der Lehre als Drucker absolvierte er den Dienst in der tschecho-

slowakischen Armee. Aus der wurde er 1939 nach der Gründung der Ersten Slowakischen Republik, einem Satellitenstaat des Deutschen Reiches, der bis 1945 existierte, als Jude entlassen. Er kam für ein halbes Jahr in ein Arbeitslager nach Levoča, anschließend arbeitete er in einer Druckerei in Bratislava.

Dort kam er mit der Widerstandsbewegung in Kontakt. Er druckte Taufscheine für Juden und rettete damit viele Leben. Er lernte dort auch seine spätere Frau Gisela kennen.

Im August 1942 wurden er und seine Frau – getrennt voneinander – wegen ihrer illegalen Tätigkeit von der slowakischen Gestapo in Bratislava verhaftet. Adolf Burger wurde in das KZ Auschwitz verschleppt, wo er als Häftling mit der Nr. 64.401 gekennzeichnet wurde. Gisela Burger wurde im Vernichtungslager Auschwitz-Birkenau ermordet.

Als gelernter Buchdrucker und Setzer wurde Adolf Burger auf Befehl des Sicherheitsdienstes der SS zwei Jahre später in die Fälscherwerkstatt des KZ Sachsenhausen kommandiert, in der in großen Mengen englische Pfundnoten, jugoslawisches Partisanen-Geld, sowjetische Ausweise, brasilianische, englische und amerikanische Pässe, Soldbücher, Briefmarken und Formbriefe, wie beispielsweise die des Palästina-Amtes in Genf, gefälscht wurden.

Vor den herannahenden Alliierten wurde die Fälscherwerkstatt zu Kriegsende zuerst nach Mauthausen und anschließend in das KZ Ebensee, einem Außenlager von Mauthausen, verlagert. Dort wurde Burger am 6. Mai 1945 durch Soldaten der 3. US-Armee befreit.

Er kehrte in die Tschechoslowakei zurück und erreichte am 20. Mai 1945 Prag. Nach der Rückkehr in seine Heimatstadt Poprad musste er feststellen, dass seine Mutter vier Monate vor Ende des Krieges in das Konzentrationslager Ravensbrück und der Stiefvater nach Sachsenhausen deportiert und dort ermordet worden waren.

Adolf Burger war als Vertreter der tschechischen Sachsenhausenhäftlinge Vizepräsident im Internationalen Sachsenhausen-Komitee und darüber hinaus engagiert im Auschwitzkomitee.
Das Drehbuch zum Spielfilm „Die Fälscher" basiert auf seinem Erlebnisbericht. Der Film wurde 2007 auf der Berlinale uraufgeführt und gewann im Februar 2008 bei der 80. Oscarverleihung die Auszeichnung in der Kategorie „Bester fremdsprachiger Film".

Ebenfalls gezwungen, in der Fälscherwerkstatt im KZ Sachsenhausen zu arbeiten, wurde der Schriftsteller und Grafiker **Peter Edel** (eigentlich Peter Hirschweh, 1921-1983).
Edel war der Sohn eines jüdischen Kaufmanns. Er musste wegen der nationalsozialistischen Rassegesetze 1938 den Besuch des Gymnasiums abbrechen und absolvierte bis 1940 eine Ausbildung als Maler und Grafiker an einer Privatschule und bei der Bildhauerin Käthe Kollwitz. Bis 1943 leistete er Zwangsarbeit. Wegen „artfremder Kunstbetätigung und Verbreitung reichsfeindlicher Schriften" wurde er 1943 in „Schutzhaft" genommen und war dann u. a. in den KZ Auschwitz, Sachsenhausen (von Januar 1944 bis Februar 1945) und Mauthausen inhaftiert.
In „Des Teufels Hölle" von Adolf Burger sind Zeichnungen von ihm zu sehen, darunter viele Porträts von Mithäftlingen.
Von 1945 bis 1947 lebte Peter Edel als Schriftsteller, Maler und Buchillustrator in Bad Ischl, danach kehrte er nach West-Berlin zurück und übersiedelte 1949 nach Ost-Berlin. 1947 bis 1951 war er Mitarbeiter der Zeitschrift „Die Weltbühne", anschließend Kulturredakteur der „BZ am Abend". Seit 1964 arbeitete er als freischaffender Schriftsteller. 1972 wurde er Mitglied des P.E.N.-Zentrums der DDR und 1978 Vorstandsmitglied des Deutschen Schriftstellerverbandes.
In der DDR wurde Edel mit vielen Ehrungen bedacht, u. a. dem Nationalpreis und dem Karl-Marx-Orden. Er war Mitglied der Zentralleitung des Komitees der Antifaschistischen Widerstands-

kämpfer. In Berlin-Weißensee war viele Jahre das Kreiskulturhaus in der Berliner Allee nach ihm benannt.

Sein bekanntestes Buch ist der Roman „Die Bilder des Zeugen Schattmann" (1969), der das Leben eines jüdischen Paares im Nazideutschland thematisiert und 1972 vom DDR-Fernsehen als vierteilige Fernsehserie verfilmt wurde. In diesem Buch sind viele eigene Erlebnisse verarbeitet worden.

1979 erschien seine Autobiographie „Wenn es ans Leben geht", in der er u. a. von einem Besuch bei dem greisen Maler Max Liebermann im Februar 1934 erzählt, zu dem ihn sein Großvater, der Karikaturist und Filmregisseur Edmund Edel, mitgenommen hatte, sowie von seinen Begegnungen mit Käthe Kollwitz. Außerdem berichtet er in dem Buch von den Filmaufnahmen zu den „Bildern der Zeugen Schattmann" vor Ort in Auschwitz, bei denen er zugegen war.

Sehr wahrscheinlich war ein zweiter Teil der Autobiographie geplant, in der auch seine Zeit in der Fälscherwerkstatt im KZ Sachsenhausen eine Rolle spielen sollte, denn am Schluss des ersten Teiles heißt es: „Meine *Rückkehr* aus Auschwitz sollte plötzlich *erwünscht* sein, das eiserne Tor sich vor mir öffnen und hinter mir schließen, womit abermals eine jener Geschichten begann, die man mit blühendster Phantasie nicht zu erfinden vermag. Ich sollte in einen neuen Bannkreis geraten, in eines der tief verborgenen Räderwerke, auf deren Rotieren der Reichsführer SS Heinrich Himmler noch in seinen letzten Verbrechertagen äußersten Wert legte." Mit dem „Räderwerk" ist zweifelsohne die „Operation Bernhard" gemeint.

Die Zeit ihrer Inhaftierung im KZ Sachsenhausen dokumentierten auch Harry Naujocks (1901-1983), „Mein Leben im KZ Sachsenhausen 1936-1942. Erinnerungen des ehemaligen Lagerältesten", Rudolf Wunderlich (1912-1988), „Konzentrationslager Sachsenhausen bei Oranienburg 1939 bis 1944. Die Aufzeichnungen des KZ-Häftlings Rudolf Wunderlich" und der Maler Hans Grundig (1901-1958) in seinem Erinnerungsbuch „Zwischen Karneval und Aschermittwoch".

Gunther Reinhold Lys (1907-1990), Journalist und Schriftsteller, war in den Konzentrationslagern Sachsenhausen und Lieberose, einem Außenlager von Sachsenhausen, inhaftiert. Viele Jahre wohnte er in Oranienburg. Bekannt geworden ist er 1948 mit dem Roman „Kilometerstein 12,6", einer Erzählung über den Marsch der Häftlinge von Sachsenhausen nach Mecklenburg, dem „Todesmarsch" im Frühjahr 1945.
Lys wurde in Hamburg geboren, seine Eltern waren Schauspieler. Der Vater starb, als er etwas mehr als ein Jahr alt war, die Mutter, die später viele Jahre (auch noch zu DDR-Zeiten) als Souffleuse an der Staatsoper in Berlin arbeitete, war ständig auf Tournee, so dass der Junge bei einem Onkel und einer Tante aufwuchs. „Von Familie kann bei mir kaum eine Rede sein", schrieb er 1984 an einen befreundeten Lehrer in Lieberose.
Er besuchte Schulen in Hamburg und Breslau (da lebte er wieder bei seiner Mutter); „grundsätzlich wesens- und verhaltensprägend" war für ihn 1923 bis 1925 der Besuch der reformpädagogischen Lichtwarkschule in Hamburg-Winterhude.
1925 zog Lys nach Berlin, legte dort an einer linken Reformschule (ab 1930 Karl-Marx-Schule) in Neukölln 1928 das Abitur ab. Anschließend arbeitete er in verschiedenen Berufen, u. a. als Gefängnisaufseher, Barpianist und Fotograf. 1935 erhielt er durch die Reichspressekammer mit der Begründung „staatsfeindlicher Einstellung" Berufsverbot als Mode- und Pressefotograf. Er hatte bei der Abgabe des Eintrittsversuchs den Hitlergruß verweigert, gleichzeitig warf man ihm seinen Schulabschluss an der Karl-Marx-Schule vor.
Von 1936 bis 1940 verdiente er seinen Lebensunterhalt als Korrektor, Lektor, Übersetzer und Verfasser von Kriminalromanen, die unter dem Pseudonym Kay Jens Petersen erschienen. Parallel dazu entstanden Essays und Flugschriften gegen das NS-Regime.

Im Oktober 1937 heiratete er die Oranienburgerin Elisabeth (Lisa) Lemmin, die im Haushalt ihres Vaters in der Lüderitzstraße (heute Sauerbruchstraße) in Oranienburg-Süd wohnte.
Lisa Lemmin hatte das Pflichtjahr im Reichsarbeitsdienst verweigert und war dafür strafweise in die Auerwerke Oranienburg in die Gasmaskenproduktion gekommen. Sie wirkte bei der „Vorbereitung einer antifaschistischen Kulturorganisation" mit und vertrieb in der Widerstandsgruppe Schröter in Berlin-Neukölln illegale Kleb- und Flugzettel. Zweimal wurde sie verhaftet und erhielt wie ihr Mann Berufsverbot.
„Ohne die 1000 qm Grundstück um das kleine, halb selbstgebaute Haus in der Arbeitersiedlung wären wir wohl verhungert. Mein aus Schwarzarbeit resultierendes Einkommen lag um ein Drittel unter dem Gehalt eines Klein-Polizisten oder Briefträgers", erinnerte Gunther R. Lys in einem Brief 1976.
Am 29. Januar 1941 wurde er in der Lüderitzstraße von der Gestapo verhaftet. Er hatte nach dem Nichtangriffspakt zwischen Deutschland und der Sowjetunion und kurz vor Kriegsbeginn im September 1939 einen illegalen Brief an einen Freund in England geschrieben, den die Gestapo, die ihn schon lange beschattete, abfing. „Dieser Krieg ist verloren, noch ehe ein Schuss gefallen ist", hieß es darin.
Nachdem man ihn zunächst in die Gestapo-Zentrale in der Prinz-Albrecht-Straße in Berlin gebracht und unter „Schutzhaft" gestellt hatte, wurde er am 6. März 1941 vom Polizeigefängnis Alexanderplatz ins KZ Sachsenhausen wegen „literarischem Hochverrat" überstellt.
In Sachsenhausen trug er die Häftlingsnummer 36.548 und wurde zu verschiedenen Arbeiten eingeteilt, u. a. in einem Baukommando, bei den Deutschen Ausrüstungswerken (DAW) und als Revierschreiber (Pfleger). „Die härtesten Prüfungen blieben mir erspart", bilanzierte er später (1949). „Ich weiß nicht, ob ich sie bestanden hätte."

1942 war er noch im Schriftstellerverzeichnis der Reichsschrifttumskammer, in die er im Oktober 1939 eingetreten war, mit der Adresse Oranienburg, Lüderitzstraße 1 aufgelistet. Erst im November 1942 schloss ihn der Präsident der Kammer aus der Gruppe der Lektoren und Schriftsteller aus. Grund war der im August 1939 an den Freund in England geschriebene Brief, der zu seiner Verhaftung geführt hatte.

Im Juni 1944 überstellte man Gunther Lys ins Außenlager Lieberose, wo er als Revierschreiber bis zur Auflösung im Februar 1945 eingesetzt war. Die Befreiung durch die Rote Armee erlebte er im April 1945 in Sachsenhausen. Bis Mai blieb er dort, um den Kranken und Überlebenden zu helfen.

Von Juni bis August 1945 war Lys am Aufbau des Volksbildungsamtes Oranienburg beteiligt, das er anschließend neun Monate lang leitete, bis er aus gesundheitlichen Gründen kündigen musste. Ab Dezember 1945 wohnte das Ehepaar Lys in der Togostraße (heute Billrothstraße) in Oranienburg; das Haus in der Lüderitzstraße, Lisa Lys' Vaterhaus, war durch Bomben schwer zerstört worden. Lisa Lys hatte inzwischen eine Bücherstube in der Brunnenstraße in Berlin eröffnet.

Ab 1948 arbeitete Gunther R. Lys, nachdem er schwere gesundheitliche Probleme, u. a. eine Tuberkulose und eine Gelbsucht – Spätfolgen der Lagerhaft – überstanden hatte, als Lektor, Übersetzer und Autor in Berlin, wo er seit 1946 wieder lebte.

1948 erschien beim Verlag Volk und Welt der Roman, der ihn bekannt machte: „Kilometerstsein 12,6".

Der „Kilometerstein" ist eine fiktive epische Erzählung; der Autor benutzte den tatsächlichen Marsch der Häftlinge von Sachsenhausen im Frühjahr 1945, an dem er selbst nicht teilgenommen hatte, als Hintergrund. „Meine Schilderung rührt aus der analogen Lagererfahrung des Marsches von Lieberose nach Oranienburg, plus etlichen mündlichen Berichten." Auch der Titel ist fiktiv, Personen und Orte im Roman haben jedoch meist einen realen Bezug.

Das Buch wurde von der Kritik in der sowjetischen Besatzungszone sehr gelobt und mit dem „Siebten Kreuz" von Anna Seghers auf eine Stufe gestellt. Nachdem Lys mit der DDR Anfang der 1950er Jahre gebrochen hatte, wurde es freilich nicht mehr erwähnt und erschien erst 1987 wieder in einer zweiten Auflage in der BRD.

Ab 1950 lebte Lys in Westberlin, die Kontakte zu den Ostberliner Verlagen und Kollegen brachen mehr und mehr ab, er war enttäuscht von der Entwicklung in der DDR, nannte sie einen „faulen Zauber". Mehr recht als schlecht ernährte Lisa Lys' Bücherstube das Ehepaar.

1961 zog er nach Hamburg und begann dort als Lektor und Autor für den Norddeutschen Rundfunk (NDR) in der Abteilung Fernsehspiele zu arbeiten. Seine erfolgreichste Arbeit wurde der Film „Ein Tag" (1965) in der Regie von Egon Monk, für den er das Drehbuch schrieb. Darin wird der Ablauf eines Tages in einem Konzentrationslager nacherzählt. „Ein Tag" war der erste westdeutsche Fernsehfilm, der sich mit dieser Thematik auseinandersetzte.

Im Sommer 1966 heiratete Lys Ruth Reisner, eine frühere Mitschülerin an der Lichtwarkschule in Hamburg, die 1934 nach Palästina ausgewandert war, und zog mit ihr nach Haifa in Israel. Lisa Lys war 1964 verstorben.

1975 begann ein intensiver Kontakt mit dem Lehrer Roland Richter in Lieberose, der die Geschichte des KZ-Außenlagers Lieberose, das sich im Nachbardorf Jamlitz befand, erforschte. Angeregt durch Richter und mehrere Besuche in Lieberose in den 1970er Jahren entstand das Buch „Geheimes Leid – Geheimer Kampf. Ein Bericht über das Außenlager Lieberose des KZ Sachsenhausen". Es erschien 2007.

1984 starb Ruth Lys. Gunther R. Lys' Pläne, sich ständig in Deutschland niederzulassen, zerschlugen sich. „Glaubt nicht etwa, ich hätte hier so etwas wie ‚Vaterland' oder ‚Heimat'; ich fühle mich wie ein Mann im Exil." (Brief von 1985). Am 26. März 1990 verstarb er in Israel.

Jurek Becker, der Schriftsteller und Drehbuchautor, wurde am 30. September 1937 als Jerzy Bekker im polnischen Łódź geboren. (Dieses Geburtsdatum erfand der Vater, um seinen Sohn vor einer drohenden Deportation durch die Nazis zu schützen. An das genaue Datum konnte er sich später nicht mehr erinnern, wahrscheinlich war Jurek Becker einige Jahre jünger.)
Seine frühe Kindheit verbrachte er im Ghetto von Łódź. Nach dem deutschen Überfall auf Polen im September 1939 waren er und seine Eltern Max Becker, geborener Mieczyslaw Bekker, der als Prokurist in einer Textilfabrik arbeitete, und Anette Becker dorthin deportiert worden.
Am 22. Oktober 1944 kamen Mutter und Sohn ins KZ Ravensbrück. Der Vater verblieb zunächst als Arbeiter im Łódźer Ghetto, bis er nach Auschwitz und anschließend ins KZ-Außenlager Königs Wusterhausen gebracht wurde (andere Quellen sprechen von einem Lager bei Schwerin).
Nach dem Sieg der Roten Armee und der Befreiung des Lagers am 30. April 1945 gehörten Anette und Jurek Becker zu den rund 300 schwerkranken Lagerinsassen, die von Ravensbrück nach Sachsenhausen verlegt wurden, das bereits am 22. April befreit worden war. Die Mutter starb dort wenige Wochen später an den Folgen mangelnder Ernährung.
Im Nachlass Beckers findet sich eine Bescheinigung des Rates der Gemeinde Sachsenhausen, Abteilung Kommunale Wirtschaft, vom 29.4.1968, dass „Frau Hania Becker", Jurek Beckers Mutter, „am 2. Juni 1945 auf dem Gemeindefriedhof in Sachsenhausen unter der Grabnummer 580 beigesetzt worden" war.
An das Lagerleben konnte sich Jurek Becker später nicht erinnern, aber „es gibt Informationen", sagte er in einem Interview, „dass ich auf Kosten meiner Mutter überlebt habe, die mir im

Lager ihr bisschen Essen gegeben hat. Sie ist verhungert, ich nicht."

Max Becker fand seinen Sohn Jurek mit Hilfe der jüdisch-amerikanischen Suchorganisation JOINT (American Jewish Joint Distribution Organization) im Lager Sachsenhausen wieder. Der Siebenjährige lag in einem provisorischen Krankenhaus und war so schwach, dass er nicht mehr gehen konnte.

Ungefähr zwanzig weitere Familienmitglieder waren umgebracht worden. Eine Tante, die vor dem Einmarsch der Deutschen in die USA floh, sowie Jurek und sein Vater Max waren die einzigen Überlebenden der Familie.

Ab Ende 1945 lebten Max und Jurek Becker, der bis dahin in dem Krankenhaus in Sachsenhausen geblieben war, in Ost-Berlin. In dieser Zeit erst – mit acht Jahren – begann Jurek Becker Deutsch zu lernen. Sein Vorname lautete nun Georg, er wurde aber weiterhin Jurek genannt.

Noch in Sachsenhausen war er offiziell als Opfer des Faschismus anerkannt worden, was einen Anspruch auf medizinische Versorgung und eine etwas höhere Lebensmittelration bedeutete.

Nach dem Schulbesuch von 1947 bis 1955 – er übersprang mehrere Klassen – ging er für zwei Jahre zur Kasernierten Volkspolizei, zunächst in Ludwigsfelde, dann in Berlin.

Von 1959 bis 1962 lebte er mit dem Schauspieler Manfred Krug, den er seit 1956 kannte, in einer Wohngemeinschaft in der Cantianstraße im Stadtbezirk Prenzlauer Berg.

Gegen den Willen seines Vaters, der wollte, dass er Arzt würde, entschied er sich 1957 für das Studium der Philosophie. 1960 ließ er sich jedoch vom Studium beurlauben und kam damit einer Entlassung durch die Universität zuvor. „Meine Berufswünsche und die Hoffnungen, die man an einen Absolventen der philosophischen Fakultät knüpfte, stimmten nicht miteinander überein", schrieb er später (1967) in seinem Lebenslauf.

1960 besuchte er an der Deutschen Hochschule für Filmkunst in Potsdam-Babelsberg einen Kurs, der ihn auf die Film- und Fernseharbeit vorbereitete. Außerdem verfasste er Kabarett-Texte, u. a. für die „Distel".

Ab 1962 war er fest angestellter Drehbuchautor bei der DEFA und schrieb Fernsehspiele und Drehbücher. Als 1968 sein Drehbuch „Jakob der Lügner" abgelehnt wurde, arbeitete er es zu seinem ersten Roman um, der 1969 erschien und 1974 in der Regie von Frank Beyer doch noch verfilmt wurde. 1977 war „Jakob der Lügner" für den Oscar als bester ausländischer Film nominiert.

1973 erschien sein zweiter Roman „Irreführung der Behörden". Im gleichen Jahr wurde er in den Vorstand des Schriftstellerverbandes gewählt.

1976 unterzeichnete er mit elf weiteren Schriftstellern einen Brief gegen die Ausbürgerung Wolf Biermanns, was zum Ausschluss aus der SED – seit 1955 war er Mitglied gewesen – und aus dem Vorstand des Schriftstellerverbands der DDR führte.

1977 trat er aus Protest gegen den Ausschluss des Lyrikers Reiner Kunze aus dem Schriftstellerverband aus und zog mit Genehmigung der Behörden in den Westen, da seine Bücher in der DDR nicht mehr verlegt und Filmprojekte abgelehnt wurden. Er behielt jedoch die DDR-Staatsbürgerschaft.

1976 erschien der Roman „Der Boxer", 1978 „Schlaflose Tage", 1982 „Aller Welt Freund", 1986 „Bronsteins Kinder", der zusammen mit „Jakob der Lügner" und „Der Boxer" die Holocaust-Trilogie bildet, und 1992 „Amanda herzlos". 1980 kam der Erzählband „Nach der ersten Zukunft" heraus.

Außerdem schrieb er ab 1986 die Drehbücher für die erfolgreiche Fernsehserie „Liebling Kreuzberg" mit Manfred Krug in der Hauptrolle.

Jurek Becker hatte drei Söhne, zwei mit seiner ersten Frau Erika, der dritte (Jonathan, von seiner zweiten Frau Christine) wurde 1990 geboren.

Er starb 1997 an Darmkrebs in Sieseby in Schleswig-Holstein. Dort besaß er ein Haus, in das er sich zum Schreiben zurückziehen konnte.

Nachdem im Sommer 1945 die letzten der befreiten KZ-Häftlinge das Gelände verlassen hatten, wurde das Lager in Sachsenhausen ab August 1945 durch die Sowjetische Militäradministration als Speziallager (zuerst Speziallager Nr. 7, ab 1948 Speziallager Nr. 1) genutzt.
Die Insassen der Speziallager – ehemalige Mitglieder der NSDAP, deutsche Wehrmachtsoffiziere, aber auch Sozialdemokraten, willkürlich Denunzierte und politisch Missliebige – wurden ohne Urteil festgehalten; die von sowjetischen Militär-Tribunalen (SMT) Verurteilten kamen nicht in die Speziallager.
Das Speziallager war von der Außenwelt fast völlig isoliert. Von den in den Jahren 1945 bis 1950 etwa 60.000 Inhaftierten starben 12.000 an Unterernährung, Krankheiten, psychischer und physischer Entkräftung. Im Frühjahr 1950, wenige Monate nach Gründung der DDR, wurde es aufgelöst.

Einer der Häftlinge im Speziallager war der deutsch-georgische Schriftsteller und Philosoph **Giwi Margwelaschwili** (geb. 1927). Margwelaschwili wurde als Sohn des georgischen Intellektuellen Titus von Margwelaschwili, der nach der Besetzung Georgiens durch die Rote Armee 1921 nach Deutschland emigrierte, in Berlin geboren. Seine Mutter starb, als er vier Jahre alt war.
Von 1934 bis 1939 besuchte er die Volksschule in Wilmersdorf, von 1939 bis 1942 das Humanistische Fichte-Gymnasium in Wilmersdorf und von 1942 bis 1945 das Moltke-Realgymnasium in Charlottenburg. Dort schloss er sich der Swing-Jugend an, einer oppositionellen Jugendkultur in vielen deutschen Großstädten während der Zeit des Nationalsozialismus.
Nach dem Krieg lebte er mit seinem Vater im britischen Sektor Berlins und war Schüler des Humanistischen Bismarck-Gymnasiums. Am 6. Februar 1946 wurden Vater und Sohn vom sowjetischen Geheimdienst NKWD nach Ost-Berlin gelockt,

verhaftet und bis August 1946 in den Kellerzellen der sowjetischen Kommandantur in Berlin-Weißensee eingesperrt.
Während der Vater anschließend nach Moskau verschleppt und dort nach Vernehmungen und Folter als angeblicher Verräter erschossen wurde, brachte man Giwi Margwelaschwili auf dem Umweg über ein Zwischenlager in Hohenschönhausen in das sowjetische Speziallager Nr. 7 nach Sachsenhausen. Im Herbst 1947 konnte er es wieder verlassen. Es wurde ihm jedoch nicht erlaubt, nach West-Berlin zurückzukehren; er musste sich auf Befehl des NKDW bei Verwandten in Tiflis ansiedeln.
Margwelaschwili lernte Georgisch und Russisch, legte das Abitur ab. Von 1947 bis 1952 studierte er Germanistik an der Staatlichen Universität Tiflis und war von 1954 bis 1957 Aspirant am Germanistikum. Von 1957 bis 1970 lehrte er Deutsch und Englisch am Pädagogischen Fremdspracheninstitut.
In den 1960er Jahren schrieb er seine ersten Romane und veröffentlichte Schriften über Phänomenologie, einer philosophischen Strömung, die in den ersten Jahrzehnten des 20. Jahrhunderts geprägt worden war und deren Vertreter den Ursprung der Erkenntnisgewinnung in unmittelbar gegebenen Erscheinungen, den Phänomenen, sahen.
1969 wurde ihm erstmals seit 22 Jahren erlaubt, für das Tifliser Rustaweli-Theater als Übersetzer nach Ostdeutschland zu reisen. In Berlin besuchte er den Dissidenten und Liedermacher Wolf Biermann, infolgedessen ihm nach seiner Rückkehr bis 1987 ein Ausreiseverbot erteilt wurde.
1970 veröffentlichte er seine erste wissenschaftliche Arbeit über „Die Rolle der Sprache in der Philosophie Martin Heideggers". 1971 wurde er an das Institut für Philosophie der Georgischen Akademie der Wissenschaften berufen.
Ab 1989 hielt sich Giwi Margwelaschwili regelmäßig in Deutschland auf, wurde fester Bestandteil der Dichter- und Malerszene im Prenzlauer Berg und lebte seit 1993 wieder ständig in seiner Geburtsstadt.

1991/92 erschien sein wohl bedeutendstes Werk, der autobiographische Roman „Kapitän Wakusch" im Südverlag in Konstanz. Von dem Manuskript war bereits Heinrich Böll, der ihn 1967 besucht hatte, beeindruckt gewesen.

„Kapitän Wakusch" besteht aus zwei Teilen, der erste, „In Deuxiland", schildert die Jugend des jungen Mannes Wakusch, Margwelaschwilis altem Ego, in Nazideutschland. Der zweite Teil, „Sachsenhäuschen", erzählt, wie er durch die sowjetischen Behörden verhaftet und ins Speziallager Nr. 7 auf dem Gelände des ehemaligen Konzentrationslagers Sachsenhausen verbracht wurde. Dort erlebt er das Lagerelend, aber auch Lichtblicke, etwa eine Aufführung des Goetheschen „Faust" mit dem mitgefangenen Schauspieler Heinrich George.

> „Mit dem mächtigen (lautsprecherverstärkten) Schall dieser Stimme in den Ohren erheben sich, als der Vorhang in dem Barackentheater dann endgültig fällt, alle Nachkriegsgefangenen applaudierend von ihren Plätzen. Die aufgepuderte und geschminkte Truppe muss noch viele Male aus dem Dunkel hervor, um den Beifallssturm, der unaufhörlich gegen die Bühne rollt, zu befriedigen. Das begeisterte Geklatsche und Getrampel der Nachkriegsgefangenen kommt in erster Linie natürlich aus dem Grundgefühl der Dankbarkeit für die Kunst an einem Ort, wo sie überhaupt in jeder Form, selbst in der bedeutungslosesten, am wenigsten zu erwarten gewesen wäre. Aber in dem hoffnungslos grauen und geistig bis zum totalen Nullpunkt eingeschrumpften Nachkriegsgefangenenlager Sachsenhäuschen einen George auf der Bühne zu erleben, ist, zumal dieser Schauspieler mit seinem Faust in Sachsenhäuschen alles bisher von ihm Geleistete und allgemein Bewunderte zweifellos überbot, sicherlich ein Geschenk des Himmels, welches mindestens jeder deuxe Nachkriegsgefangene dort zu würdigen weiß."
>
> Aus: „Kapitän Wakusch. Sachsenhäuschen" 1991/92

1990/91 erhielt Margwelaschwili Stipendien des Deutschen Akademischen Austauschdienstes (DAAD) und der Heinrich-Böll-Stiftung. Im Dezember 1994 wurde ihm die deutsche Staatsangehörigkeit verliehen. 1995 war er Stadtschreiber in Rheinsberg und bekam den Brandenburgischen Literaturpreis. Die Universität Bamberg berief ihn 1996 zum Professor für Poetik und die Berliner Akademie der Künste verlieh ihm 1997 den Kunstpreis Berlin für sein Lebenswerk.
2008 wurde er mit dem Bundesverdienstkreuz am Bande ausgezeichnet, 2013 erhielt er den Deutsch-Georgischen Kulturpreis, der zum ersten Mal vergeben wurde und heute seinen Namen trägt, sowie den Italo-Svevo-Preis.
Im September 2007 erschien der Roman „Officer Pembry" als Auftakt einer Werkausgabe im Verbrecher-Verlag in Berlin, es folgten „Zuschauerräume", „Vom Tod eines alten Lesers", „Der Kantakt", „Der verwunderte Mauerzeitungsleser", „Kapitän Wakusch", Band 1 und 2, „Fluchtästhetische Novelle", „Verfasser unser" und „Das Leseleben".
Seit 2011 lebt Giwi Margwelaschwili wieder in Tiflis (Tbilissi), der georgischen Hauptstadt. 2015 wurde ihm die georgische Staatsbürgerschaft als doppelte Staatsbürgerschaft neben der deutschen verliehen.

Wie gehen wir mit Schriftstellern oder überhaupt mit Künstlern um, die sich im Dritten Reich den Nationalsozialisten andienten, vielleicht sogar eine größere Rolle unter ihnen spielten? Ignorieren wir sie, verurteilen wir sie oder versuchen wir, wenigstens ein Stückweit ihren Beweggründen nachzuspüren?
Eine dieser Schriftsteller bzw. Schriftstellerinnen war **Marie Diers**, seit 1930 Mitglied der NSDAP. Sie lebte von 1924 bis zu ihrem Tod 1949 in Sachsenhausen und besaß dort ein Haus.
Marie Binde wurde am 10. Juni 1867 in der mecklenburgischen Kleinstadt Lübz als Tochter eines Pastors geboren. Sie absolvier-

te die Höhere Töchterschule in Neustrelitz, legte 1885 in Berlin das Lehrerinnenexamen ab und arbeitete anschließend als Erzieherin auf der Grube Ilse, einer Bergbau AG bei Großräschen in der Lausitz.
Anfang der 1890er Jahre zog sie mit ihrem Mann Hermann Diers, einem Buchhalter, den sie 1892 geheiratet hatte, nach Berlin, wo sie zu schreiben und zu veröffentlichen begann. Das Paar hatte zwei Kinder. Nach dem Tod ihres Mannes 1905 widmete sie sich ausschließlich dem Schreiben.
Viele ihrer über 40 Romane (u. a. „Der Witwenhof" 1916, „Die Doktorin vom Bullenberg" 1921, „Der jüngste Tag im Willeböker Moor" 1926, „… aber das Mühlrad rauscht" 1938) spielen in ihrer Geburtsheimat Mecklenburg. Ihre Protagonisten – Pastoren, Ärzte, Witwen und Waisen – müssen in der Regel die verschiedensten Widrigkeiten überwinden, um an ihr Ziel zu gelangen. Sie erreichen es immer.
Dieses Konzept funktionierte äußerst erfolgreich, Diers gehörte zu den meistgelesen Autorinnen ihrer Zeit.
Schon früh besaß sie einen Hang zum Völkischen und Nationalen. 1908 veröffentlichte sie den Anti-Emanzipationsroman „Fräulein Doktor", und seit 1912 war sie Mitarbeiterin im Bund zur Bekämpfung der Frauenemanzipation, dem vorwiegend Frauen aus dem rechten politischen Lager angehörten. „Das große, heilige Übergewicht des Weibes über dem Mann liegt in einer einzigen Stelle: in dem Muttertum", formulierte sie 1903 in ihren „Gedanken zur Frauenfrage".
„Mutterschaft" und „Volk", das waren Begriffe, deren Zusammenspiel später die nationalsozialistische „Volksgemeinschaft" unter anderen ausmachte.
1918 trat sie der Deutschnationalen Volkspartei bei, 1922 wurde sie Mitglied der Deutschvölkischen Partei, 1930 der NSDAP, der Partei der Nationalsozialisten. 1933 unterschrieb sie mit weiteren 87 Schriftstellern das „Gelöbnis treuester Gefolgschaft" für Adolf

Hitler, dessen Wortlaut zusammen mit der Unterzeichnerliste am 26. Oktober 1933 deutschlandweit in der Presse verbreitet wurde. Zu ihrem 70. Geburtstag 1937 beglückwünschten sie Hitler und der Propagandaminister Goebbels persönlich. Die Titel ihrer Romane wurden immer martialischer: „Blutendes Volk", „Liebe den Sturm!", beide 1940 erschienen. Bis 1945 trug eine Schule in Berlin-Zehlendorf ihren Namen.
1924 zog Marie Diers von Berlin-Charlottenburg nach Sachsenhausen, das damals noch eine selbständige Gemeinde war, um eine Landwirtschaft aufzubauen. Unweit ihres Hauses in der Friedrichstraße 41 wurde 1936 das Konzentrationslager eingerichtet.
Wie konnte sie in dieser Nachbarschaft leben und schreiben? Sie musste unbedingt gewusst haben, dass dort viele tausend Menschen inhaftiert waren, hungerten, zu schwerster Arbeit gezwungen, gefoltert und ermordet wurden. Ignorierte sie diese Tatsachen, um ihre Popularität nicht zu gefährden, oder hieß sie sie sogar gut, da sie eine überzeugte Nationalsozialistin war?
Nach dem Ende des Zweiten Weltkrieges wurde sie enteignet. In ihrem Haus befindet sich heute eine Kindertagesstätte. Zudem wurden viele ihrer Bücher auf die Liste der auszusondernden Literatur gesetzt. Bis heute wurden sie nicht neu aufgelegt, sind aber antiquarisch oder als Reproduktionen unter dem Namen Marie Binde Diers zu haben.
Die Schriftstellerin starb am 4. November 1949 in Sachsenhausen.

Autoren seit 1945

Der Dramatiker und Erzähler **Friedrich Wolf** (1888-1953) kehrte so schnell es möglich war nach Ende des Zweiten Weltkrieges aus der Emigration nach Berlin zurück und begann sich schriftstellerisch und kulturpolitisch in der sowjetischen Besatzungszone und anschließend in der DDR zu engagieren.
1945, da war er Ende Fünfzig und kein unbekannter Autor mehr. Insbesondere seine Dramen „Cyankali" (1929), das eine ausgedehnte Diskussion über den Abtreibungsparagraphen 218 eingeleitet hatte, „Die Matrosen von Cattaro" und „Tai Yang erwacht" (beide 1930) sowie „Professor Mamlock" (1933) hatten in der Theaterwelt Aufsehen erregt. „Meine Stücke waren seit 20 Jahren an den deutschen Bühnen eine Art Prüfstein, an dem sich die Geister schieden", bilanzierte er in einem Brief 1948.

Lebensstationen Friedrich Wolfs bis 1945

23. Dezember **1888** als Sohn des jüdischen Kaufmanns Max Wolf u. dessen Ehefrau Ida in Neuwied am Rhein geboren
1903 erste Gedichte
1908-1912 Medizinstudium in Tübingen, Bonn u. Berlin
1912/13 Assistenzarzt in Meißen, Dresden u. Bonn
1914 als Schiffsarzt nach Kanada u. USA. Bei Kriegsbeginn Truppenarzt an der Westfront
1917 „Langemark" (Prosa), „Mohammed" (Drama)
1918 Lazarettarzt in Arnsdorf u. Dresden. Teilnahme an der Novemberrevolution, Mitglied des Arbeiter- u. Soldatenrates
1920 Stadtarzt in Remscheid, aktive Teilnahme am Ruhrkampf
1921 in der Gemeinschaftssiedlung Barkenhoff, Worpswede. Niederlassung als Landarzt in Hechingen auf der Rauhen Alb
1923 „Der Arme Konrad" (Drama)
1927-1933 Arztpraxis in Stuttgart

1928 Eintritt in die KPD. Mitglied des Bundes Proletarisch-Revolutionärer Schriftsteller. „Kunst ist Waffe" (Essay), „Die Natur als Arzt und Helfer" (medizinisches Ratgeberbuch)
1929 „Cyankali" (Drama)
1930 „Die Matrosen von Cattaro", „Tai Yang erwacht" (Dramen)
1931 Verhaftung wegen Vergehens gegen § 218, Protestaktionen, Haftentlassung. Erster Besuch der Sowjetunion
1932 Gründung der Laienspielgruppe „Spieltrupp Südwest" in Stuttgart
1933 Emigration in die Schweiz u. nach Frankreich. „Professor Mamlock" (Drama)
1934 Emigration in die Sowjetunion. Teilnahme am Ersten Sowjetischen Schriftstellerkongress
1935 Teilnahme am Ersten Amerikanischen Schriftstellerkongress
1937 Ausbürgerung aus Deutschland
1938 auf dem Weg zu den Internationalen Brigaden in Spanien. Aufenthalt in Frankreich. „Zwei an der Grenze" (Roman)
1939-1941 im französischen Lager Le Vernet interniert. „Beaumarchais" (Drama)
1941-1945 Sowjetische Staatsbürgerschaft. Kriegsteilnahme auf sowjetischer Seite vorwiegend als Propagandist an der Front und in Gefangenenlagern
1942 „Der Russenpelz" (Novellen), „Patrioten" (Drama)
1943 Mitbegründer u. Frontbeauftragter des Nationalkomitees Freies Deutschland
1944 „Dr. Lilli Wanner" (Drama), „Heimkehr der Söhne" (Roman)
1945 Rückkehr nach Deutschland

Die Rückkehr bedeutete für Friedrich Wolf – trotz aller Erfolge der Vergangenheit – gleichzeitig einen Neuanfang. Freilich ging es allen Schriftstellern, allen Künstlern so. Nicht nur die Städte waren zerstört, auch im Bewusstsein der Menschen hatten die zwölf Jahre Nationalsozialismus großen Schaden angerichtet. In einem Brief von 1947 brachte er die Situation auf den Punkt: „Ich finde, hier in Germanien herrscht ein dicker geistiger Nebel, aus dem unsre Landsleute garnichtmal ernstlich herauswollen. Über Amnestie der Jugend, Staatsform u. a. wird hin- und her geredet, nur ein Thema darf man nicht berühren, ohne in ein Wespennest zu stechen – die Schuldfrage! Man palavert vom Aufbau und ‚sittlicher Erneuerung', aber wie kann man erneuern, wenn man nicht eine klare saubere Basis zuvor geschaffen hat?"

Nun war der Dramatiker nicht der Mensch zu resignieren, im Gegenteil, Widerstände stachelten ihn an, immer wieder mischte er sich ein, gab Anstöße, Anregungen, kritisierte und schlug praktische Lösungen vor. Bereits am 18.12.1945 forderte er zum Beispiel die Redaktion des „Neuen Leben" auf, ihrer Zeitschrift ein neues, zeitgemäßes Bild zu geben. „Kämpferische Demokratie", so nannte er das.

Auch am Theater, seinem eigentlichen Metier, befriedigte ihn die Lage nicht. „Das Theater hier ist wenig erfreulich, rein snobistisch …, ein geistiges Parvenutum sondergleichen", schimpfte er im gleichen Jahr (1947). „Snobismus und anmaßender Dilettantismus in Hochpotenz. Ahnungslose Dramaturgie und Analphabetentum der Kritik." Um dem abzuhelfen, engagierte er sich bei der Wiedereröffnung der Berliner Volksbühne 1947/48 und war eine Zeitlang Präsident des Volksbühnenvereins.

Allerdings war es für ihn als Autor nicht einfach, sich mit seinen alten und neuen Stücken (u. a. „Wie Tiere des Waldes" 1947) durchzusetzen. Durfte er 1948 noch registrieren, dass sie „auch nach Hitler an über 100 deutschen Bühnen in Ost und West gespielt" wurden, so musste er im August 1952 in einem Brief an den Maler Conrad Felixmüller gestehen, „… dass die Berliner Theater mich seit Jahren sabotieren und dabei dauernd heuchlerisch nach Autoren schreien. […] Im Allgemeinen wollen mich unsre Intendanten einfach nicht. […] Dennoch muss man versuchen zu kämpfen."

Wolf versuchte andere Wege zu gehen, um sein Publikum zu erreichen. Mit dem Aufbau-Verlag in Berlin fand er einen starken Partner, der seine Bücher in hohen Auflagen druckte, wobei es – aus heutiger Sicht – sicherlich auch zu der einen oder anderen Übertreibung kam („Einen Sammelband meiner Dramen haben 30.000 unsrer besten Aktivisten im letzten Jahr erhalten." Brief 1952).
1952 erschien der Roman „Menetekel oder die fliegenden Untertassen", eine satirisch-kritische Auseinandersetzung mit den Schriften des US-amerikanischen Schriftstellers Ron Hubbard noch vor Gründung von Scientology. Sein größter Erfolg (in der Prosa) sind bis heute die „Märchen für große und kleine Kinder", darunter die bekannte und insbesondere in Oranienburg sehr beliebte „Weihnachtsgans Auguste".

In der Stadt findet alljährlich im Dezember am zweiten Adventswochenende der dreitägige „Weihnachtsgans-Auguste-Markt" auf dem Schlossplatz statt. Die Geschichte von der Gans, die nicht im Kochtopf landet, sondern zum beliebten Familienmitglied avanciert, wird erzählt, gespielt oder als Film gezeigt.

Mit der DEFA, dem volkseigenen Filmunternehmen mit Sitz in Potsdam-Babelsberg, verhandelte Wolf über die Idee eines Käthe-Kollwitz-Films, der allerdings nicht verwirklicht wurde. Er schrieb das Drehbuch für den erfolgreichen Film „Der Rat der Götter" (1950, Regie: Kurt Maetzig) und legte im Zuge seiner Beschäftigung 1952/53 mit dem Großen Deutschen Bauernkrieg und Thomas Müntzer ein Exposé zu einem Film über diese historische Gestalt vor (daneben entstanden ein Müntzer-Schauspiel und der Plan für einen Roman). Großen Erfolg hatte er 1949/50 mit dem Lustspiel „Bürgermeister Anna" sowohl auf der Bühne als auch auf der Leinwand.
Sehr interessiert war Wolf an der Bildung und Arbeit von so genannten Laienspielgruppen, hatte er doch selbst 1932 eine gegründet (s. Lebensstationen bis 1945). „Mein altes ewig junges

Interesse gehört dem Laienspiel und seiner Entwicklung", schrieb er 1952 in einem Brief an die 2. Fachtagung für Volks- und Laienkunst, in dem er seine Vorstellungen vom Laienspiel ausführlich darlegte. Und in einem anderen Brief an den Dramatischen Zirkel des Postscheckamtes Berlin klang es (im Stil der damaligen Zeit) etwas pathetisch: „Gerade unsre Jugend ist durch Buch und Schaubühne zur Entscheidung in dem gewaltigen historischen Kampf um den Frieden und die Einheit unsres Landes aufgerufen." Sogar einen „Vorschlag zum Einsatz bodenständiger Laienspielgruppen in Westdeutschland ... als starker Friedenswaffe" machte er noch 1951.

Auch die Lehrpläne für den Deutschunterricht an den Schulen unterzog er einer genauen Prüfung und schlug 1952 in einem Entwurf an Paul Wandel, dem Minister für Volksbildung, „ergänzend" für die neuen Lesebücher vor, doch weniger Gottfried Keller und dafür mehr Heinrich Heine und – Friedrich Wolf darin aufzunehmen.

Im Herbst 1949 bat ihn die Oberschule in Boock im Kreis Randow/Pasewalk, sich „Friedrich-Wolf-Schule" nennen zu dürfen. Der Dichter nahm diese Verpflichtung sehr ernst, war bei der Namensgebung dabei, korrespondierte regelmäßig mit Lehrern und Schülern und spendete der Einrichtung einen Teil des Geldes, das er 1950 für den Nationalpreis I. Klasse erhalten hatte (für „Rat der Götter"). 1951 setzte er sich bei höheren Stellen gegen die Auflösung und Verlagerung der Schule ein.

Seit 1948 lebte er in Lehnitz, das damals noch eine eigenständige Gemeinde war (erst 2003 wurde es Ortsteil von Oranienburg). „Zum Oktober wollen wir an den Lehnitzsee umsiedeln, 30 km nördlich Berlins, bei Oranienburg. Dort hoffe ich mit einem Milchschaf, Hühnern, Bienen und anderen nützlichen und friedfertigen Geschöpfen ein etwas arbeitsames Leben mir neu einzurichten", schrieb er im Sommer 1948 an Conrad Felixmüller, den Malerfreund. Es dauerte schließlich bis zum Dezember 1948, dem Monat seines 60. Geburtstages, ehe er mit seiner Frau Else

(geb. Dreibholz, 1898-1973) in das Haus in der stillen Waldsiedlung einziehen konnte.
Seine beiden Söhne Markus (1923-2006) und Konrad Wolf (1925-1982) gingen zu dieser Zeit bereits eigene Wege.

Konrad Wolf, erfolgreicher Regisseur (u. a. „Ich war neunzehn" 1968, „Solo Sunny" 1979), verfilmte 1961 Friedrich Wolfs Drama „Professor Mamlock" mit Wolfgang Heinz in der Hauptrolle. Der Film erlebte am 17. Mai 1961 im Berliner „Colosseum" seine Premiere und kam zwei Tage später in die Kinos der DDR. Ca. 940.000 Zuschauer besuchten ihn. Am 25. Januar 1963 lief er erstmals im Fernsehen der DDR, und am 22. Oktober 1971 wurde er vom Hessischen Rundfunk auch im BRD-Fernsehen gezeigt.

Aus der erhofften Arbeitsruhe in Lehnitz wurde freilich nur selten Realität, unermüdlich war Wolf in Sachen Kulturpolitik – er gehörte 1948 zu den Mitbegründern der deutschen Sektion der internationalen Schriftstellervereinigung P.E.N. und 1950 zu den Gründungsmitgliedern der Deutschen Akademie der Künste in Berlin (Ost) – und natürlich in eigener Sache als Autor unterwegs, während seine Frau in Lehnitz die Stellung hielt.

„Und wie ist's in Lehnitz? Du sollst Dich da auch noch etwas aalen! ... Könntest Du doch schon 3-4 Bretter (Leisten) im Besenschrank neben m. Zimmer einbauen lassen für Mappen ... Und der Rosenstock hinten soll ja stehenbleiben!" An Else Wolf 24.2.1951

Einen Einschnitt bedeuteten für ihn die Jahre 1950/51 als (erster) Botschafter der DDR in Polen. In einem Brief an den Präsidenten Wilhelm Pieck, auf dessen Bitte hin er diese Verpflichtung übernommen hatte, bezeichnete er sich selbst als „Schriftsteller-Botschafter".
Das Schreiben kam dabei freilich zu kurz. „Ich habe mir vorgenommen, 1-2 Jahre auszuhalten und dann zu meiner eigentlichen schriftsteller. Arbeit zurückzukehren; denn ich bin ja nur in die

Bresche gesprungen" und „werde heilfroh sein, wenn ich wieder in Lehnitz bin. Zur Arbeit am Roman [„Menetekel"] kam ich bisher überhaupt nicht", hieß es in Briefen aus Warschau an Konrad Wolf bzw. Else Wolf aus jener Zeit.

Auf eigenem Wunsch wurde er 1951 wieder vom Botschafter-Posten entbunden.

Zunehmend hatte er auch mit gesundheitlichen Problemen (Ischias) zu kämpfen, musste immer wieder zur Kur. Aus Bad Elster berichtete er beispielsweise 1951 an seine Frau: „Auch meine 64 Jährlein beginnen nach 8-10 Stunden Arbeit sich allmählich bemerkbar zu machen."

Sein letztes großes Projekt nahm er in Dresden mit dem für ihn typischen Enthusiasmus in Angriff. Er recherchierte im dortigen Transformatorenwerk, sprach mit den Arbeitern und der Werksleitung, sammelte Material für eine „größere epische Arbeit" (Brief an Wilhelm Pieck 1953).

„Aber wenn ich erst in die Trafo-Sache richtig einsteige, dann muss ich mindestens 2 Monate mich mit der reinen Beschaffung der Biografien, der Betriebschronik und der speciellen Probleme befassen, um dann in Lehnitz oder in einem Kloster das Ganze zu bearbeiten." An Else Wolf 16.9.1952 aus Dresden

„Gestern Mittwoch war ich buchstäblich von früh 10.00 bis nachts 23.30 mit 1 Stunde Mittagspause im Werk unterwegs und habe hier besichtigt, gesprochen, konsultiert, notiert." An Else Wolf 18.11.1952

Am 5. Oktober 1953 starb Friedrich Wolf in seinem Arbeitszimmer in Lehnitz an einem Herzinfarkt. Seine Urne wurde in der Gedenkstätte der Sozialisten auf dem Zentralfriedhof Friedrichsfelde in Berlin-Lichtenberg beigesetzt.

Nach wie vor ist der Autor in Lehnitz präsent (fast mehr als zu Lebzeiten), die Grundschule (seit 1966) und das Kulturhaus (in der Friedrich-Wolf-Straße) tragen seinen Namen. Sein ehemaliges Wohnhaus im Alten Kiefernweg 5 ist heute Gedenkstätte und Sitz der 1992 gegründeten Friedrich-Wolf-Gesellschaft, welche den ursprünglichen Zustand der Arbeits- und Wohnräume, des Hauses und des Gartens pflegt und über den musealen Anteil hinaus eine Vielzahl an Lesungen, wissenschaftlichen Vorträgen, Diskussionen, Filmvorführungen und Ausstellungen organisiert.

Das Friedrich-Wolf-Archiv, das viele Jahre in Lehnitz untergebracht war, gehört jetzt zum Bestand der Stiftung Archiv der Akademie der Künste am Robert-Koch-Platz in Berlin.

Friedrich Wolf, ein Autor, über den man immer wieder trefflich streiten kann. Zu Lebzeiten war er überaus populär. Warum wird er heute weniger gelesen, werden seine Stücke seltener aufgeführt? Hat er zu schnell und zu viel geschrieben? War er zu sehr seiner Zeit verhaftet? Oder liegt es daran, dass wir uns zu wenig um ihn „kümmern"? Man wird nie die eine Antwort finden, zu umfangreich und zu vielschichtig ist das Werk des Lehnitzer Autors.

Gespräch mit Tatjana Trögel, Enkelin von Friedrich Wolf und Leiterin der Friedrich-Wolf-Gedenkstätte in Lehnitz

Sie waren vier Jahre alt, als Friedrich Wolf 1953 starb. Können Sie sich noch an ihn erinnern, an seine Stimme zum Beispiel, an seine Ausstrahlung?

Hier in Lehnitz sehe ich uns beim Essen sitzen. Ich aß immer sehr langsam, und mein Großvater sang dann selbst ausgedachte Lieder, um mich zum Essen zu motivieren. Der Tisch erschien mir damals riesengroß.

In der Erinnerung sehe ich ihn eigentlich immer sitzen, aber das war stets mit Lustigkeit, mit Fröhlichkeit verbunden, also dieses spezielle Liedersingen, damit ich esse, und er schmiss mich auch

nicht raus, wenn ich ihn bei der Arbeit am Schreibtisch störte, sondern kitzelte mich, bis ich von allein ging.
Seine Stimme habe ich wesentlich wärmer in Erinnerung, als sie auf Bändern, auf alten Aufnahmen zu hören ist, so hoch und stakkatohaft. Das war aber der damaligen Tontechnik und Sprechweise geschuldet.

Sie waren zu Besuch hier aus Berlin?

Wir waren oft hier, und später, nach Friedrich Wolfs Tod, haben wir natürlich meine Großmutter Else Wolf besucht. Sie baute in Lehnitz das Archiv auf. Das Material, das zum Teil noch aus den 1920er Jahren stammte, sichtete sie bereits, als Friedrich Wolf noch lebte, sie hatte es vor dem Weg ins Exil in der Sowjetunion an Freunde verteilt und führte es nun hier wieder zusammen. Später hat meine Mutter Emmi Wolf gemeinsam mit einer Bibliothekarin und Archivarin das Archiv weitergeführt.
An Friedrich Wolfs Tod und Beerdigung kann ich mich nicht erinnern, ich weiß nur das, was mir erzählt wurde. Trotz einer schweren Grippe fuhr er von Halle, wo die Generalprobe des „Armen Konrad" stattfand, nach Leipzig, um eine Rede zum 125. Geburtstag des Reclam-Verlages zu halten. Das alles bei hohem Fieber. Da siegte wieder der Kulturpolitiker über den Arzt. Dann war er wieder hier in Lehnitz und starb wenige Tage später an plötzlichem Herzversagen. Das war einfach dem Körper zu viel abverlangt.
Meine Mutter sagte, dass sie Else Wolf zum ersten Mal hat weinen sehen. Die hatte ja selbst viel durchgemacht, der Tod ihres Mannes traf sie sehr.

> „Nein, ich kann über Friedrich nicht in der Zeitform der Vergangenheit schreiben. Wir alle sehen ihn noch vor uns als Redner bei dieser Leipziger Feier; wir sitzen noch mittags mit ihm im Ratskeller beim Bankett; wir bereiten ihm noch am Abend dankbare

Ovationen nach der schönen Aufführung des ‚Armen Konrad'. Gemeinsam mit ihm sind wir noch eingehüllt in diese Atmosphäre von Lebendigkeit und geistig-künstlerischem Kontakt. So will ich ihn in der Erinnerung behalten.
Wie klar ließen sie sich auf ihn anwenden, die Begriffe von Meisterschaft und Volkstümlichkeit. Hat er nicht von sich gesprochen, wenn es in seiner Leipziger Rede heißt: ‚Die Volkstümlichkeit der großen Dichter beruht auf ihrer Meisterschaft, die neben ihrem Talent die richtige Stoffwahl im richtigen Zeitpunkt einschließt, zugleich mit ihrem Mut, einen klaren Standpunkt zu haben. Eines bedingt hier das andere. In diesem Sinn war und ist die Kunst eine Waffe in guten Händen.'
Bei ihm war die Kunst eine Waffe. Bei ihm war sie in ‚guten Händen'. Ich habe Friedrich sehr gern gehabt. Er wusste es."

Aus: Beileidsbrief des Leipziger Literaturwissenschaftlers Hans Mayer an Else Wolf, 7.10.1953

Spielte es für Sie eine Rolle, die Enkelin von Friedrich Wolf zu sein?

Also sagen wir mal so: Jein. Zum Glück ist Wolf ein Allerweltsname, da wurde ich nicht automatisch mit ihm in Verbindung gebracht. In der Schule war das natürlich ein Thema, was mich eher genervt als erfreut hat. Im Deutschunterricht wurden bei Aufsätzen mitunter Vergleiche gezogen: „Wenn er das wüsste", oder: „Da sind doch Ansätze erkennbar" – also positiv oder negativ, je nachdem. Eine Belastung war es aber nicht.
Für mich war es wichtig, besonders in meiner Jugendzeit, als eigene Persönlichkeit wahrgenommen zu werden, nicht als Enkelin oder Tochter von irgendjemandem, und meinen eigenen Weg zu gehen. Das hat sich eigentlich immer so erhalten, auch, als ich später als Journalistin bei der „Freien Welt" gearbeitet habe.

Welche Bücher oder Texte von Friedrich Wolf können Sie dem heutigen Leser empfehlen?

In der Familie spielten die Tiergeschichten immer eine große Rolle, Ostern wurde zum Beispiel „Das Osterhasenfell" gelesen, das zieht sich durch bis heute. Und Weihnachten natürlich die „Auguste". In der Schule stand „Kiki" auf dem Lehrplan, ich liebte diese Geschichte sehr, nach dem Lesen hatte ich immer einen Kloß im Hals.
Nach wie vor empfehle ich „Professor Mamlock", weil man am Beispiel dieses Dramas sieht, wie etwas beginnt, wie eine Ideologie Fuß fasst und wie sich Menschen dazu verhalten. Das ist bis heute interessant.
„Cyankali" [von 1929, Friedrich Wolfs erfolgreichstes Stück, behandelt den Abtreibungsparagraphen 218] ist natürlich immer wieder eine bewegende Geschichte, eine Anregung für junge Leute, sich mit den Lebensumständen und den Gewissensnöten, die damals herrschten, auseinanderzusetzen.
Wichtig finde ich auch die Geschichten, in denen er das Thema Toleranz und Zivilcourage behandelt, zum Beispiel „Nimm die Mütze ab, Junge!" und „Die Juden von Marseille".

Was ist aus Ihrer Sicht das Besondere am Schriftsteller Friedrich Wolf?

Seine Biographie ist für die erste Hälfte des 20. Jahrhunderts exemplarisch. Damit meine ich zum Beispiel seine Wandlung vom Nationalgefühl zum Pazifismus auf Grund seiner Erlebnisse als Truppenarzt im Ersten Weltkrieg. Und sein Aufbegehren gegen soziale Ungerechtigkeiten, die er, selbst aus bürgerlichen Verhältnissen stammend, 1920 als Stadtarzt in Remscheid und kurz darauf als Landarzt in Hechingen auf der Schwäbischen Alb angesichts des Elends der Arbeiter und der Landbevölkerung erlebte.

Außerdem setzte er sich stets mit den Niederlagen auseinander, mit dem Großen Deutschen Bauernkrieg zum Beispiel – Thomas Müntzer war eine wichtige historische Figur für ihn –, mit der Novemberrevolution, an der er teilgenommen hatte, und mit den Niederlagen im Kampf gegen den Faschismus.

Friedrich Wolf war immer mittendrin im Leben, er konnte nicht anders, der Künstler hatte zu wirken, sich einzumischen. Für mich ist er ein Mensch, der authentisch war, der an beiden Enden „brannte", der etwas bewegen wollte.

Welche Beziehung hatte Friedrich Wolf zu Lehnitz, zu den Menschen hier im Ort?

Er war ja viel unterwegs, unter anderem ein Jahr lang als Botschafter in Warschau, aber wenn er hier war, nahm er regen Anteil, hatte zum Beispiel eine sehr enge Beziehung zur Schule, die bis heute seinen Namen trägt. 1951 hielt er eine Rede vor Schulabgängern. „Habt keine Angst vor dem Leben!", riet er ihnen, „macht die Augen auf! Denkt nach! Habt acht vor Phrasen! Überzeugt Euch selbst! Und dann sagt Eure Meinung! Tut das, was ihr für richtig haltet!"

Auf seine Initiative geht auch die Errichtung des Gedenksteins für Ethel und Julius Rosenberg im Ort zurück, gegen deren Hinrichtung 1953 weltweit protestiert wurde.

Friedrich Wolf war sehr naturverbunden, im Garten gab es eine Ecke mit einem Heil- und Kräutergarten, in der Umgebung ging er gern spazieren mit Bummi, dem Hund [der als Vorbild für zwei Geschichten diente], und jeden Morgen badeten er und Else Wolf im Lehnitzsee.

Juni 2016

Übersetzer war **Kurt Kelm** (1925-2009). Als Kind deutscher Eltern in Łódź geboren, wuchs er zweisprachig auf. 1944 wurde er zur Wehrmacht eingezogen und kam 1945 in französische Kriegsgefangenschaft. Nach Kriegsende besuchte er ein Gymnasium für ehemalige polnische Staatsangehörige in La Courtine, das von der Polnischen Exilregierung eingerichtet worden war. Dort legte er 1947 das Abitur ab.
Nach verschiedenen kurzzeitigen Tätigkeiten begann er als freier Übersetzer zu arbeiten. Ab 1954 war er als Verlagslektor beim Verlag Volk und Welt und beim Militärverlag und ab 1972 wieder als freischaffender Übersetzer tätig. Von 1969 bis 1972 studierte er Polonistik an der Humboldt-Universität zu Berlin. Er war seit 1957 Mitglied des Schriftstellerverbandes der DDR und seit 1979 der Societas Jablonoviana, einer wissenschaftlichen Gesellschaft der Universität Leipzig, die deutsch-polnische Wissenschafts- und Kulturbeziehungen fördert. Seit 1949 lebte er in Oranienburg und Umgebung und starb hier auch.
Für seine Übersetzungen polnischer Autoren des 19. und 20. Jahrhunderts – mehr als 60 Bücher unterschiedlicher Genres, u. a. von Stanislaw Lem und Jerzy Putrament, aber auch ca. 20 Kinderbücher – erhielt er zahlreiche Auszeichnungen, so den Verdienstorden der Volksrepublik Polen in Gold für übersetzerische Tätigkeit 1975 und den Übersetzerpreis des Verlags Volk und Welt 1985.

Inge Müller (1925-1966), die Lyrikerin, Kinderbuch- und Hörspielautorin, lebte acht Jahre, von 1951 bis 1959, in Lehnitz. Zu Lebzeiten stand sie als Dichterin im Schatten ihres Mannes, des Dramatikers Heiner Müller, nach ihrem frühen Tod war sie fast vergessen ...
Eine Frau steht am Ufer des Lehnitzsees, in Gedanken versunken, seltsam verloren wirkend. Vierzig Jahre ist sie ungefähr, ihre Züge sind verlebt, früher einmal muss sie sehr schön gewesen sein, ist immer noch schön.

Wind kommt auf, mitten auf dem See ein Segelboot, helles Lachen und aufgeregte Stimmen. Die Frau blickt nun auf, geht ein paar Schritte am Ufer entlang, verfolgt die Fahrt des Bootes.
Man zählt das Jahr 1966, es ist Frühling am Lehnitzsee. Hier fühlt sie sich wohl, hier ist sie zu Hause, hier ist sie einmal zu Hause gewesen. Die Frau ist die Schriftstellerin Inge Müller.
Vor fünfzehn Jahren, im November 1951, ist sie zum ersten Mal nach Lehnitz gekommen. Damals hieß sie noch Schwenkner. Ihr Mann Herbert, 22 Jahre älter, war Partei- und Kulturfunktionär und später kaufmännischer Direktor des Friedrichstadt-Palastes in Berlin. Sie hatten 1948 geheiratet.
Es war ihre zweite Ehe, die erste mit Kurt Loose war 1947 nach zwei Jahren wieder geschieden worden, der gemeinsame Sohn Bernd wurde 1946 geboren.
Inge Müller erblickte im März 1925 als Ingeborg Meyer am Berliner Ostkreuz das Licht der Welt.
Ende April 1945, während der letzten Kriegstage, war sie für drei Tage unter einem umgestürzten Haus im Prenzlauer Berg verschüttet, ein traumatisches Erlebnis, das sie immer wieder verfolgte und das sie in zahlreichen Gedichten zu verarbeiten versuchte. Ihre Eltern waren kurz zuvor bei einem Bombenangriff ums Leben gekommen.
An der Seite von Herbert Schwenkner nun und in Lehnitz schien sie endlich zur Ruhe zu kommen und ein geordnetes Leben führen zu können. Das Paar hatte ein komfortables Einfamilienhaus in der Thälmannsiedlung – heute Waldsiedlung – am Waldring bezogen. Der zweistöckige Klinkerbau verfügte über acht Zimmer. 1941/42 von Häftlingen der Strafkompanie aus dem KZ Sachsenhausen für Luftwaffenoffiziere der Wehrmacht erbaut, standen nach dem Krieg insgesamt zwanzig Häuser dem Hauptausschuss der Opfer des Faschismus zur Verfügung.
In unmittelbarer Nachbarschaft wohnte der Schriftsteller Friedrich Wolf, mit dessen Frau Else sich Inge Müller befreundete. Kennengelernt hatte man sich Ende 1951 in der Lehnitzer Orts-

gruppe der SED. Vom November 1952 bis Januar 1953 arbeitete Inge Müller als Leiterin des Referats Information beim Rat des Kreises Oranienburg, in dieser Zeit war sie allerdings oft krank.

Im September 1953 wurde ihr Sohn Bernd in die Lehnitzer Grundschule eingeschult. Als Klassenpatin leitete sie die Pioniernachmittage in seiner Schulklasse.

Endlich fand sie auch Zeit, sich als Autorin zu etablieren. Im Kinderbuchverlag Berlin erschien 1955 ihr Kinderbuch „Wölfchen Ungetüm", außerdem schrieb sie für die „Märkische Volksstimme", den „Frischen Wind" (später „Eulenspiegel") und die „ABC-Zeitung".

Im Herbst 1953 trat ein neuer Mann in ihr Leben: Heiner Müller. Sie lernte ihn in Berlin kennen, in einer Arbeitsgruppe, die der Schriftstellerverband für junge Autoren eingerichtet hatte.

Man war sofort fasziniert voneinander. „Sie weiß etwas vom Leben, er von der Literatur." (Ines Geipel in ihrer Inge-Müller-Biographie). **Heiner Müller** (1929-1995), 1954/55 Mitarbeiter des Schriftstellerverbandes, 1958 Mitarbeiter des Maxim-Gorki-Theaters und seit 1959 freischaffend, wurde später der wichtigste deutschsprachige Dramatiker der zweiten Hälfte des 20. Jahrhunderts (u. a. „Der Bau" 1963/64, „Hamletmaschine" 1977, „Der Auftrag" 1979); damals war er freilich noch dabei, in der Literatur wie im Leben Fuß zu fassen.

Es war die große, bedingungslose Liebe. Heiner Müller, der bis dahin ohne festen Wohnsitz war, zog im April 1954 mit hinaus nach Lehnitz, wo er mit Inge und Bernd in den drei Räumen in der ersten Etage des Hauses wohnte, während Herbert Schwenkner, von dem sich Inge Müller im Juli 1954 scheiden ließ, die Räume im Parterre nutzte.

Im November 1954 stellten sich Inge und Heiner Müller bei einer Lesung im Friedrich-Wolf-Haus gemeinsam der Öffentlichkeit vor. Else Wolf – mit der sich auch Heiner Müller gut verstand, bei ihr konnte er zum Beispiel telefonieren – moderierte die Veranstaltung, die unter dem Motto stand: „Kennen Sie sie? Junge

Schriftsteller aus Lehnitz lesen". Inge Müller (damals noch Schwenkner) las Kindergeschichten und -verse, Heiner Müller gab, wie die „Märkische Volksstimme" vier Tage später resümierte, „Proben seiner eigenwilligen Verskunst, mit der er das Neue unserer Gesellschaftsordnung zu gestalten versteht. Leider verloren die Verse etwas von der Wirkung durch den monotonen Vortrag."

Heiner Müller veröffentlichte in der Zeitschrift „Sonntag" zwischen Oktober 1955 und März 1956 in der Rubrik „Bücherschau" kurze Rezensionen, darunter eine Besprechung des 1955 im Aufbau-Verlag erschienenen fünften Bandes der Dramatischen Werke von Friedrich Wolf mit „Hörspielen und Laienspielen", den Walther Pollatschek zusammen mit Else Wolf herausgegeben hatte. Friedrich Wolf war für ihn kein Vorbild (das war Brecht), dennoch sah er in ihm einen „vitalen politischen Dramatiker".

Am 4. Juni 1955 um 9.30 Uhr heirateten Inge und Heiner Müller auf dem Standesamt in Oranienburg. Für beide war es die dritte Ehe.
Nun begann eine neue Phase der produktiven schriftstellerischen Arbeit. Inge Müller schrieb weiterhin für Kinder („Zehn Jungen und ein Fischerdorf" 1958), aber auch gemeinsame Projekte entstanden: „Der Lohndrücker" und „Die Korrektur" 1957 beziehungsweise 1958, zwei Lehrstücke für den Rundfunk und die Bühne, außerdem das Hörspiel „Die Brücke. Ein Bericht aus Klettwitz" 1958 nach Recherchen im Lausitzer und Senftenberger Braunkohlerevier. 1959 erhielten sie den renommierten Heinrich-Mann-Preis der Akademie der Künste.
Zum Freundeskreis, der in diesen Jahren nach Lehnitz hinaus pilgerte, gehörten Peter Hacks, Manfred Bieler, B. K. Tragelehn, Manfred Krug und Wolf Biermann. Man trank und diskutierte, „nebenbei" musste Inge Müller auch noch den Haushalt organisieren.
Sie lief oft zum Lehnitzsee hinunter, hier schwamm und segelte sie, schöpfte neue Kraft.

Es blieb nicht aus, dass sich die Staatssicherheit für das ungewöhnliche Paar interessierte. In einem Ermittlungsbericht der Kreisdienststelle Oranienburg vom Februar 1957 hieß es, dass sie „sehr westlich" gekleidet seien, „worüber sich die Einwohner empörten", sich gesellschaftlich nicht betätigten und häufig den Westsektor von Berlin besuchten.

Ab Frühjahr 1958 gehörte Heiner Müllers sechzehnjähriger Bruder Wolfgang, der aus Reutlingen in die DDR übergesiedelt war, mit zum Haushalt. Inge Müller hatte ein Verhältnis mit ihm.

Im September 1958 zog ihre geliebte Großmutter Martha Meyer aus Berlin nach Oranienburg in die Händelstraße 5, wo sie allerdings bereits im Januar 1959 starb.

Die Hausgemeinschaft mit Herbert Schwenkner war mittlerweile für alle Beteiligten unerträglich geworden. Ende 1958 kam es zu einem Zusammenstoß unter Zeugen, der eine Privatklage Schwenkners gegen Heiner Müller wegen Beleidigung nach sich zog und zu einer Verurteilung Müllers führte. In der „Märkischen Volksstimme" musste Müller daraufhin öffentlich seine falschen Behauptungen zurücknehmen.

Aus diesem und aus anderen Gründen beschlossen Inge und Heiner Müller, Lehnitz zu verlassen. Im November 1959 zogen sie nach Berlin in den Stadtbezirk Pankow.

Lange hat sie am Ufer des Lehnitzsees gestanden; als es kühler geworden ist, läuft sie zum S-Bahnhof und fährt nach Pankow zurück, es ist ja nicht weit.

Zu Hause, in der dunklen Wohnung am Kissingenplatz 12, in der sie sich nicht wohl fühlt, schreibt sie ein Gedicht. Es beginnt mit den Zeilen: „Wenn ich schon sterben muss/will ich noch einmal/mit euch durch den Wald gehen/und vorbei am See in Lehnitz ..."

„Wenn ich schon sterben muss", so lautet auch der Titel ihres ersten, 1985 postum im Aufbau-Verlag in Berlin erschienenen Gedichtbandes.

In den nächsten Tagen und Wochen, wie in den Jahren zuvor, wieder die Depressionen (auch eine Folge der Erlebnisse in den letzten Kriegstagen), der Streit mit Heiner Müller, der „nicht mehr bereit ist, das Wertvollste, was er besitzt, nämlich seine Texte, mit seiner Frau zu teilen" (Ines Geipel), gesellschaftliche Isolation, die Flucht in Tabletten und Alkohol, zahlreiche Selbstmordversuche.
Monate später, am 1. Juni 1966, ist sie tot, Heiner Müller findet sie in der Küche, es riecht nach Gas. Sie ist 41 Jahre alt geworden. Begraben wird sie auf dem Städtischen Friedhof Pankow. Das Grab ist Jahre später, nach Ablauf der Frist, eingeebnet worden.
Heute ist Inge Müller wiederentdeckt, vor allem ihre Gedichte werden veröffentlicht und gelesen („Dass ich nicht ersticke am Leisesein" 2002). Neben der Geipelschen Biographie („Dann fiel auf einmal der Himmel um" 2002) gibt es eine von Sonja Hilzinger („Das Leben fängt heute an" 2005). Und Brigitte Maria Mayer, die Witwe von Heiner Müller, hat zu Inge Müllers dreißigstem Todestag 1997 auf dem Friedhof in Pankow einen neuen Grabplatz gekauft und eine Sandsteinstele gestiftet.

Viele Jahre in Lehnitz lebte **Günther Stein**. Der 1922 in Dessau Geborene wurde 1940 unmittelbar nach seiner Reifeprüfung Soldat. Nach Krieg und Gefangenschaft arbeitete er als Hilfsarbeiter und Neulehrer, studierte Slawistik an der Humboldt-Universität Berlin und war als Redakteur tätig, bevor er sich als Autor und Übersetzer selbständig machte und in Lehnitz niederließ. Gemeinsam mit seiner Frau **Traute Johanna Stein** (geb. Schidlowsky, 1926-2009) übersetzte er mehr als 100 Bücher aus dem Russischen und Ukrainischen ins Deutsche, unter anderem Werke von Gorki, Puschkin und Lermontow. Populär wurden seine Reisebücher „Ich weiß ein Georgien" 1981 und „Ich trank aus der Ukraine Brunnen" 1983. Günther Stein starb 1982 in Oranienburg.

Walther Pollatschek (1901-1975) leitete ab 1950 das Friedrich-Wolf-Archiv der Akademie der Künste, gab Wolfs Werke im Aufbau-Verlag heraus und verfasste 1963 eine Biographie des Lehnitzer Dramatikers. Aus seiner Feder stammen Kinderbücher („Drei Kinder kommen durch die Welt" 1947) und ein Roman („Herren des Landes" 1951). Ferner war er als Herausgeber tätig („Der Liederfreund" 1947, „Märchen der Brüder Grimm" 1952-1954).

Kinderbücher schrieb auch **Waldemar Spender**. Er wurde 1931 in Oranienburg geboren.
Bevor er freischaffender Autor wurde, arbeitete er als Traktorist, Bibliothekar und Journalist.
Seine Bücher, die durchweg mit viel Humor und Phantasie geschrieben sind, erschienen im Kinderbuchverlag Berlin und im Verlag Junge Welt.
Sie tragen spannende, originelle Titel und sind u. a. vom Wensickendorfer Zeichner Thomas Schleusing („Kuno, der fliegende Elefant" 1972), von Rainer Flieger („Bobo Kowalski will nicht mehr" 1977) und von Karl-Heinz Appelmann („Die Eisenbahn hat Stiefel an", Gedichte 1979; „Die Schweineschule" 1986) illustriert worden.
Bobo Kowalski ist eine „dieselhydraulische Lokomotive vom Typ V 100 aus dem VEB Hans Beimler in Hennigsdorf". („‚Wenn ich vorstellen darf: Bobo Kowalski', sagte Kowalski, der Lokführer, ‚ist sie nicht ein prachtvolles Kind?' Er tätschelte die Blechverkleidung der Lokomotive.")

„Die „Schweineschule" ist inzwischen zum Klassiker geworden; die Stadtbibliothek Oranienburg hat heute noch (2017) ein Exemplar im Bestand und hält es in allen Ehren.

Waldemar Spender schrieb auch Texte, die vertont wurden, „Ungereimtheiten. Sieben denkwürdige Stücke für Kinderchor, Klavier und Schlagzeug" von Helge Jung (1978) zum Beispiel.
Zuletzt lebte er in Potsdam, wo er 1998 verstarb.

Das Zi

Ein Zi tat mal im Walde gehen,
da sah es eine Trone stehn.
Das Zi, in dem was Schlaues steckt,
sah gleich, daß Trone sauer schmeckt.
Worauf das Zi vor Trone wich.
Doch bald verband's dem Egel sich.
Das Zi, bekannt als Ziegel nun,
hat mit Zitrone nicht zu tun.
Wollt ihr sie unterscheiden,
dann beißt nur in die beiden!

Aus: „Die Eisenbahn hat Stiefel an" 1979

Einer der bekanntesten bildenden Künstler in Deutschland ist **Wieland Förster** (geb. 1930). Neben seiner Arbeit als Bildhauer, Maler und Zeichner hat er stets auch geschrieben und Bücher veröffentlicht: Gedichte, Erzählungen, Romane, Reisetagebücher, eine Autobiographie.
Mit der Aufgabe seines Ateliers in Berlin 2007 zog er sich auf sein Grundstück in Wensickendorf (seit 2003 Ortsteil von Oranienburg) zurück, um sich seitdem ausschließlich dem Schreiben zu widmen.
„Ich bin glücklich in der märkischen Landschaft. Landschaft – dieses Wort denke ich mit Freude und Ergriffenheit", schrieb er bereits 1973 in sein Arbeitsbuch „Labyrinth", und zwei Jahre später: „Das zeitweilige Leben auf dem Land ist mir unentbehr-

lich geworden, lebe elementarer, spüre die Erde, den Himmel, den Wechsel von Tag und Nacht."

Biographie Wieland Förster

geboren am **12. Februar 1930** in Dresden
1944 Lehre als Technischer Zeichner
1946 unschuldig verurteilt durch den sowjetischen NKWD wegen angeblichen Waffenbesitzes zu 7½ Jahren Zwangsarbeit
1950 Haftentlassung aus dem Speziallager Bautzen, danach Arbeit als Technischer Zeichner
1953-58 Studium der Bildhauerei an der Hochschule für Bildende Künste in Dresden
1959-61 Meisterschüler an der Deutschen Akademie der Künste in Berlin
seit **1961** freischaffend tätig
1966 Willi-Lammert-Preis der Deutschen Akademie der Künste
1968-1973 Ausstellungs-, Ankaufs- und Publikationsverbote, Arbeitsbehinderungen
1974 Mitglied der Akademie der Künste der DDR
1974 Käthe-Kollwitz-Preis der Akademie der Künste der DDR
1978-89 einer von fünf Vizepräsidenten und zuständig für Meisterschülerfragen der Akademie der Künste der DDR
1985 Ernennung zum Professor
1991 Austritt aus der Berliner Akademie der Künste aus Protest gegen versäumte öffentliche und wahrheitsgetreue Aufarbeitung ihrer Geschichte
seit **1991** Mitglied des P.E.N.
1996 Kunstpreis der Stadt Dresden
2000 Bundesverdienstkreuz 1. Klasse
2001 Vertrag über die Wieland-Förster-Stiftung an den Staatlichen Kunstsammlungen Dresden
2010 Ehrendoktorwürde der Universität Potsdam
2012 Verdienstorden des Landes Brandenburg

Eine Rezension von 1985 bilanziert, dass seine „erste literarische Mitteilung das Tagebuch gewesen sei, und zwar in jener Art, die auf Notizen fußt, zugleich aber ein in späteren Zeiten hergestelltes kunstvolles Gebilde ist. Es verbindet den Tageseindruck mit der präzis durchdachten ästhetischen Konzeption und der Erinnerung."

Gemeint sind damit die Reisetagebücher „Rügenlandschaft. Hommage à Caspar David Friedrich", „Begegnungen. Tagebuch, Gouachen und Zeichnungen einer Reise in Tunesien" (beide 1974) und „Sieben Tage in Kuks", das Tagebuch einer Reise nach Böhmen auf den Spuren des Barockkünstlers Matthias Braun (1985). In einem Band vereint sind alle drei 2000 unter dem Titel „Die Phantasie ist die Wirklichkeit" noch einmal erschienen, vermehrt um die bislang nicht veröffentlichen Tagebücher einer Bulgarien- und einer Paris-Reise.

Dieselbe Rezension (des „Kuks"-Buches) hebt die „beispielhafte Kultur der Sprache" hervor und die Tatsache, dass sich dieses Tagebuch zu einer „Zeit-, Kunst- und Lebensbefragung" weite, eine Schlussfolgerung, die eigentlich auf alle Bücher von Wieland Förster zutrifft.

„… der erste Blick in den fruchtschweren Apfelbaumzweig, die Äpfel grasgrün, mit hektisch-roten Flecken, in den Durchblicken Himmelsblau, und ringsum Stille. In solch einem Augenblick, in dem sich alles Glück der Erde im Herzen sammelt, müsste man sterben dürfen, – nicht im aussichtslosen Kampf mit dem Tod, nicht verseucht, zerschnitten, von Krämpfen und Angst geschüttelt, von Tumoren zerfressen, mit bitterer Zunge, die alles erfahrene Glück auflöst in Galle. Ich lebe dem Unglück des Todes entgegen mit zusammengebissenen Zähnen, von Niederlage zu Niederlage, und es gibt dem Tod gegenüber keinen Trost als den, dass man ihn selbst vollziehen könnte, vielleicht unter einem Apfelbaum –"

Aus: „Sieben Tage in Kuks" 1985

Erfahrenes und Erlebtes ist auch in dem Erzählband „Die versiegelte Tür" (1982), in „Grenzgänge" (1995) und natürlich in dem Erinnerungsbuch „Seerosenteich. Autobiografie einer Jugend in Dresden 1930-1946" (2012) verarbeitet und aufgeschrieben. Angekündigt hatte sich dieser autobiographische Text bereits in „Kuks", wo es heißt: „… man müsste einmal das Brachland Kindheit mit dem scharfen Pflug der Erinnerung aufbrechen, zurückdenken, Herkunft entdecken, Zusammenhänge finden, die Wurzeln der Animositäten bloßlegen, der Sympathien …"

Der in den 1950er und 1970er Jahren spielende Roman „Der Andere. Briefe an Alena" entstand zwar bereits um 1982/83, hatte aber „wegen seines eindringlichen Einforderns von Toleranz und Respekt gegenüber jedem Einzelnen sowie wegen manch bitterer Beschreibung von Lebenswirklichkeit in der DDR dort keine Chance, jemals verlegt zu werden" (Lukas-Verlag) und erschien erst 2009.

„Als Fremder", so heißt der Gedichtband, der als bibliophile Ausgabe vom Verlag der Nessing'schen Buchdruckerei in Berlin-Adlershof 2003 veröffentlicht wurde und frühe Gedichte von Wieland Förster enthält.

Die Bücher „Einblicke. Aufzeichnungen und Gespräche" (1985), „Labyrinth" (1988) und „Im Atelier abgefragt" (2005) handeln von seiner bildkünstlerischen Arbeit.

Eine enge Freundschaft verband Förster mit dem Schriftsteller Franz Fühmann (geb. 1922, „Zweiundzwanzig Tage oder Die Hälfte des Lebens. Tagebuch" 1973, „Vor Feuerschlünden. Erfahrung mit Georg Trakls Gedicht" 1982).

Fühmann schrieb 1973 ein Nachwort zum Tunesien-Tagebuch, in dem er schildert, wie sich die beiden Männer fünf Jahre zuvor bei einer Geburtstagsfeier des Dichters Erich Arendt zum ersten Mal begegnet waren. „Es war beim sechzigsten Geburtstag Arendts, die Stühle reichten nicht aus, wir saßen dutzendweis auf dem Boden, und ich setzte mich neben einen Unbekannten, von dem ich glauben konnte, daß es Förster sei. Seine Anwesenheit war zu erwarten, und der Unbekannte entsprach dem Bilde, das ich mir nach Berichten gemacht hatte: Ein Mann um die Vierzig, zurückhaltend, leise; ein scharfer Beobachter, unerbittlich, auch spöttisch, doch keinesfalls zynisch, und so umgänglich wie selbstbewußt."

Sie vereinbarten einen Besuch im Atelier Försters in der Greifswalder Straße; fortan wurden diese Ateliertreffs an den Silvesternachmittagen zur Tradition. Die beiden Künstler tauschten sich über ihre Arbeit aus, diskutierten die politische Situation, wenn sie mit ihr nicht einverstanden waren (die Niederschlagung des „Prager Frühlings" 1968, die Ausbürgerung Wolf Biermanns 1976, gegen die Fühmann öffentlich protestierte), oder vertrauten sich private Probleme an.

„Das Wesentliche war aber diese gemeinsame Verantwortung vor der Kunst", erinnert Wieland Förster in einem Gespräch für die Zeitschrift „Sinn und Form" nach dem Tod des Freundes 1984, „vor dem, was man macht, und daß das, was man macht, ehrlich ist. Ich glaube, daß das ganz wichtig ist!"

Ein weiteres Zeugnis ihrer Freundschaft stellt ihr Briefwechsel dar, der 2016 unter dem Titel „Nun lesen Sie mal schön!" bei Hinstorff in Rostock erschien, eine Auswahl aus den ca. 230 Karten und Briefen, die sich die beiden Künstler von 1968 bis 1984 schrieben.

2017 kam Försters vorerst letztes Buch heraus, der Roman „Tamaschito". Wie der Untertitel „Roman einer Gefangenschaft" bereits verrät, verarbeitet der Autor hier die Zeit seiner Inhaftierung im Speziallager in Bautzen.

Die Handlung beginnt im Nachkriegsdresden im September 1946. Einer Intrige wegen wird der 16-jährige Thom verhaftet und unschuldig im „Grauen Bau" eingekerkert. „Der Junge muss durch die Hölle des Hungers und Durstes, durch Auszehrung und endlose Verhöre gehen. Er gerät in das Mahlwerk der gewaltigen Kräfteverschiebungen jener Zeit", heißt es in der Ankündigung des Verlages (Sandstein in Dresden). „Deutsche, Polen, Russen, Nazis und Widerstandskämpfer sind seine Mitgefangenen. An diesem apokalyptischen Ort, wo der Tod Platz genommen hat zwischen den Häftlingen, wird ein zerschlissener Stofffetzen zum Schachbrett, eine erzählte Geschichte zur Überlebenselixier und der Name eines Kuchens zur Zauberformel."

Seit 2014 sind im Amtshauptmannshaus in Oranienburg in einem „Wieland-Förster-Zimmer" Grafiken, Fotos, Notate, Plakate und Plastiken des Künstlers dauerhaft zu sehen.

Fragen an Wieland Förster

Sie haben immer auch geschrieben und Bücher veröffentlicht – hat das Schreiben die gleiche Bedeutung für Sie wie die bildende Arbeit?

Meine Arbeiten, welcher Gattung auch immer, gleichen oft lang andauernden Liebesverhältnissen, Beispiele: die „Große Neeberger Figur" 3 Jahre, der „Kleist" 2½ Jahre, der „Große Trauernde Mann" 3 Jahre. Harte Jahre, oft unter Verboten und Not, 1968 bis 1973 Ausstellungs- und Ankaufsverbot, keine Möglichkeit etwas zu veröffentlichen – in dieser Zeit entstanden die Tunesien- und Rügentagebücher.

Was unterscheidet das Schreiben von der bildenden Arbeit, können Sie hier die gleichen Dinge auf andere Art und Weise sagen oder sogar Dinge, die Sie sonst nicht sagen könnten?

Aufs Letzte reduziert habe ich in der Bildhauerei und den grafischen Arbeiten immer nur zwei Themen: Liebe und Tod. Für die Prosaliteratur erkenne ich solche Themenbegrenzung nicht, nehme mir viel mehr Freiheit: Prinzip Überraschung, in der viel „leichteren" Gattung. Ich arbeite immer nur an einem Manuskript.

Wie schreiben Sie, am Computer, mit der Schreibmaschine, mit der Hand? Wann schreiben Sie, zu welcher Tageszeit, wie lange pro Tag bzw. wie viele Seiten? Haben Sie den Text im Kopf schon fertig formuliert oder erarbeiten Sie viele Fassungen?

Täglich Tagebuch und fast alles mit der Hand. Liebe zum Papier, und zu den spontanen und unterschiedlichen Mitteln (Stift, Feder). Einige frühere Erzählungen entstanden auf einer Reiseschreibmaschine. Ansonsten Ablehnung des Computers. Ich fühle ein Thema wachsen, konstruiere nicht, setze auf mein jahrelanges Erleben. Wenn ich schreibe, dann am Tag etwa 3 Seiten.

Sie haben Bücher in sehr unterschiedlichen Genres veröffentlicht – Erzählungen, Roman, Tagebücher, Gedichte, Autobiographie – das ist erstaunlich, weil viele Schriftsteller sich beschränken – sucht sich der Inhalt bei Ihnen seine Form oder nehmen Sie sich vor: jetzt schreibe ich ein Gedicht, jetzt schreibe ich eine Erzählung? Sammeln Sie Texte, bis ein Buch daraus werden kann, oder arbeiten Sie immer nur an einem Manuskript?

Es gilt das oberste Gesetz: die Form finden für meinen Inhalt. Nur die Form trägt. Ich notiere Einfälle, Worte vor allem, aber sie ruhen.

Welche Schriftsteller und Bücher waren in Ihrem Leben wichtig, wer hat Sie beeinflusst, was lesen Sie gern?

Unzählige! Wenn Einfluss besteht, kommt er aus dem Weltwissen: formal kein bestimmter Autor.
Mit 17 Jahren fiel mir gleich das entscheidende Buch in die Hände (dasselbe wie bei Brecht, was ich erst später entdeckte): Lao Tse: „Taoteking". Ab 20 dann: Kafka, Kleist, Thomas Mann („Faustus") und Heinrich Mann („Henri Quatre"), Feuchtwanger

(„Erfolg", „Füchse im Weinberg"), Joyce („Ulysses"), Musil („Mann ohne Eigenschaften"), und zeitlebens Proust, Flaubert, Balzac, Camus („Der Fremde"!!), Dostojewski, Tolstoi (eingeschränkt), Lermontow, Solschenizyn („Der erste Kreis der Hölle"), Canetti, Hemingway, Neruda, St. John Perse, Böll („Gruppenbild mit Dame"). Und Homer.
Großen Einfluss auf mein Schaffen haben, vor allem im Porträt, von mir geschätzte oder bewunderte Künstler gehabt. Es gibt Porträts von Musikern (z. B. Felsenstein, Kodály, Suitner, Haenchen, Eisler), von Schriftstellern (z. B. Fühmann, Huchel, Neruda, Böll, Bobrowski, Jelinek, Genet), von bildenden Künstlern (z. B. Nagel, Vent, Zickelbein, Niemeyer-Holstein, Purrmann). Den größten Einfluss bei jeder Tätigkeit aber hatte die Musik, die ständiger Begleiter war.

Welcher Typ Autor sind Sie, einer, der aus eigenen Erfahrungen schöpft, aus Selbsterlebtem, oder ein so genannter Fabulierer bzw. „objektiver" Erzähler, also jemand, der Geschichten erfindet?

Typ Halb und Halb. Anstoß: Selbsterfahrung und Selbstausbeutung. Die Bedingung: sehr, sehr lang Zurückliegendes, „Abgehangenes", aber nie im Hass, eher in Liebe. Das Neue beweist die Fabulierleistung.
Die DDR als Quelle ist unbrauchbar, es gibt keinen Richard III., keine Madame Bovary, keinen Faustus etc., nur kleine Ladendiebe und Kleingartenschänder, tragisch, wer das nicht erkannte.

Mit welchen Schriftstellern hatten/haben Sie Kontakt, wer war Ihnen wichtig? Warum illustrieren Sie keine Bücher?

Huchel, Arendt, Fühmann (zu diesen engeren Kontakt). Illustrationen lehne ich ab, sie misstrauen der reinen Sprache.

Spielt die Landschaft um Wensickendorf, wo Sie wohnen, Oberhavel also, in Ihren Texten eine Rolle?

Die Landschaft hier ist schön und gut, weil sie ins fast Nichts zurücktritt, und eignet sich deshalb hervorragend zum Arbeiten.

Welche Bücher möchten Sie noch schreiben? An welchem Manuskript sitzen Sie zurzeit?

Ich möchte das jetzige Buch beenden können. Titel: „Tamaschito". Ich mache fast immer 3 Fassungen. Die erste Fassung legt die Sprachmelodie fest.

Wie wichtig sind Ihnen Kritiken, wie gehen Sie mit Lob oder Tadel in Bezug auf Ihre Bücher um? Ist Ihnen der Erfolg eines Buches wichtig, die Auflage, das Leserecho, oder ist die Arbeit am Buch mit Abgabe an den Verlag für Sie abgeschlossen?

Erfolg ist nur gut als „Transportmittel". Da ich nichts leicht nehme und es mir niemals leicht mache, sind Kritiken ohne Wirkung bei mir. Ich habe als bildender Künstler trotz der Verbote weitergemacht.

August 2015

Quellen und weiterführende Literatur (Auswahl)

Fabian, Franz (Hrsg.): Schriftsteller des Bezirks Potsdam, 1987

Märkische Dichterlandschaft. Ein illustrierter Literaturführer durch die Mark Brandenburg. Hrsg. von Peter Walther. Deutsche Verlags-Anstalt Stuttgart 1998

Borchert, Jürgen: Hoffmann von Fallersleben. Ein deutsches Dichterschicksal. Verlag der Nation 1991

Von zur Mühlen, Bernt Ture: Hoffmann von Fallersleben. Biographie. Wallstein Verlag 2010

Gutsche, Edda: Hanns Meinke in Lichtenow. Frankfurter Buntbücher 2014

Reich, Konrad: Ehm Welk – Stationen eines Lebens. Hinstorff Verlag 1983

Münzner, Daniel: Kurt Hiller. Der Intellektuelle als Außenseiter. Wallstein Verlag 2015

Hermann Hesse – Peter Suhrkamp. Briefwechsel 1945 bis 1959. Suhrkamp Verlag 1969

Heymel, Michael: Martin Niemöller. Vom Marineoffizier zum Friedenskämpfer. Lambert Schneider 2017

Kijowska, Marta: Der letzte Gerechte. Andrzej Szczypiorski. Aufbau Verlag 2003

Lys, Gunther R.: Geheimes Leid – Geheimer Kampf. Ein Bericht über das Außenlager Lieberose des KZ Sachsenhausen. Metropol Verlag 2007. Darin: Weigelt, Andreas: Gunther Reinhold Lys 1907-1990. Mensch und Werk

Gilman, Sander L.: Jurek Becker. Die Biographie. List Verlag 2002

Kutzmutz, Olaf: Jurek Becker. Leben, Werk, Wirkung. Suhrkamp Verlag 2008

Wolf, Friedrich: Briefe. Eine Auswahl. Aufbau Verlag 1958 u. 1969

Hohmann, Lew: Friedrich Wolf. Bilder einer deutschen Biographie. Henschel Verlag 1988

Berger, Christel: Friedrich Wolf 1953. Eine unvollständige Biographie rückwärts. Edition Schwarzdruck 2006

Geipel, Ingrid: Dann fiel auf einmal der Himmel um. Henschel Verlag 2002 (über Inge Müller)

Hilzinger, Sonja: Das Leben fängt heute an. Aufbau Verlag 2005 (über Inge Müller)

Hauschild, Jan-Christoph: Heiner Müller oder Das Prinzip Zweifel. Eine Biographie. Aufbau Verlag 2003

Nachbemerkung

Die erste Frage, als ich mit den Recherchen für dieses Manuskript begann, lautete: Wer ist ein Autor? Wer ist ein Oranienburger Autor?
Ich entschied mich, nicht nur Schriftsteller aufzunehmen, die ein literarisches Werk hinterlassen haben, sondern auch Persönlichkeiten, die auf anderen Gebieten erfolgreich waren und eine Autobiographie schrieben, Friedrich Dulon zum Beispiel, der Flötist, Victor Klemperer und Michael W. Blumenthal, oder Populärwissenschaftliches, wie F. F. Runge und der Sozialreformer Silvio Gesell.
Und sie sollten natürlich in Oranienburg zur Welt gekommen sein, hier gelebt haben, sei es auch nur für eine kurze Zeit, oder hier gestorben sein.
Im Übrigen erhebt diese „Literaturgeschichte Oranienburgs" keinen Anspruch auf Vollständigkeit, besser oder genauer ist vielleicht die Formulierung „Literarische Spurensuche".
Immerhin 46 Autoren habe ich gefunden (Martin Niemöller, Jens Emil Mungard, Marie Diers und Waldemar Spender sind gegenüber der ersten Auflage hinzugekommen). Über den einen war mehr zu sagen, über den anderen weniger, das hat nichts mit seiner Bedeutung zu tun, sondern häufig mit der Fülle oder Nichtfülle des überlieferten biographischen Materials.
Die Heimatforscher und Publizisten Friedrich Ballhorn, Max Rehberg, Hans Biereigel und weitere haben auf jeden Fall Anspruch, ausführlich vorgestellt zu werden, das wird garantiert in der nächsten Auflage nachgeholt.
Fritz Skowronnek, 1939 in Oranienburg verstorben, ist ein Autor, dessen Spuren ich noch nachgehen muss (was hat ihn, den Ostpreußen, in die Stadt verschlagen?), und Josef Čapek (1887-1945), Maler, Zeichner, Graphiker, Fotograf und Schriftsteller, Bruder von Karel Čapek, hätte eigentlich berücksichtigt werden

müssen. Er war von 1939 bis 1945 in verschiedenen Konzentrationslagern in Deutschland inhaftiert, darunter in Sachsenhausen.
Oranienburg ist auch Schauplatz in der Literatur. Eine echte Überraschung – für mich zumindest – war, dass in „Der Feind im Schatten" (2009) des schwedischen Krimiautors Henning Mankell Kommissar Kurt Wallander in der Stadt einen Zwischenstopp einlegt, bevor er am nächsten Tag nach Berlin weiterfährt. Abends macht er in der Hotelbar die Bekanntschaft einer Frau, die „einen verlebten Eindruck macht und viel zu stark geschminkt" ist. Sie erklärt ihm, in wenigen Jahren würde Oranienburg „von Berlin geschluckt werden". – „Wer war sie, diese Isabel, die er hier zum Wein einlud?"
Wenn der Leser sich gut informiert und unterhalten fühlt, dann habe ich mein Ziel erreicht. Darüber hinaus sei er eingeladen, sich intensiv beziehungsweise noch intensiver mit Leben und Werk der Autoren zu beschäftigen, ihre Bücher zu lesen, sich selbst auf die Suche nach ihren Spuren in Oranienburg zu begeben.

Roland Lampe, 2017

Autorenverzeichnis

Becker, Jurek (1937-1997), war als Kind von April bis Ende 1945 im (befreiten) Lager in Sachsenhausen *75-77*
Blumenthal, W. Michael, 1926 in Oranienburg geboren, seit 2000 Ehrenbürger der Stadt *27-31*
Böckler, Otto Heinrich (1867-1932), studierte am Lehrerseminar im Schloss Oranienburg *18*
Burger, Adolf (1917-2016), 1944/45 Häftling im KZ Sachsenhausen, dort in der Fälscherwerkstatt beschäftigt *67-69*
Diers, Marie (1867-1949), lebte seit 1924 in Sachsenhausen *81-83*
Dulon, Friedrich (1769-1826), Musiker u. Autobiograph, wurde in Oranienburg geboren *8-10*
Edel, Peter (1921-1983), 1944/45 Häftling im KZ Sachsenhausen, ebenfalls in der Fälscherwerkstatt beschäftigt *69/70*
Fallersleben von, Heinrich Hoffmann (1798-1874), war 1844 u. 1845 für mehrere Tage in der Stadt, besuchte u. a. seinen Freund F. F. Runge *13-15*
Förster, Wieland (geb. 1930), Bildhauer und Autor, lebt in Wensickendorf *103-111*
Fontane, Theodor (1819-1898), eine seiner „Wanderungen durch die Mark Brandenburg" führte ihn am 28./29. Mai 1861 nach O. *15-17*
Fürst, Max (1905-1978), 1933/34 Häftling im KZ Oranienburg *40/41*
Gesell, Johann Silvio (1862-1930), lebte mit Unterbrechungen viele Jahre in Oranienburg-Eden, wo er auch starb *24-26*
Harich-Schneider, Eta (1897-1986), Musikerin u. Autorin, in Oranienburg geboren *26/27*
Hiller, Kurt (1885-1972), war im KZ Oranienburg inhaftiert *38/39*
Kelm, Kurt (1925-2009), lebte seit 1949 in Oranienburg *96*

Klemperer, Victor (1881-1960), lebte 1906 u. 1908 bis 1911 in der Oranienburger Neustadt *21-24*
Knauf, Erich (1895-1944), 1934 im KZ Oranienburg *39/40*
Liepe, Albert (1860-um 1917), studierte am Lehrerseminar im Schloss Oranienburg *18*
Lys, Gunther R. (1907-1990), lebte von 1937 bis 1941 in Oranienburg, war von 1941 bis 1944 im KZ Sachsenhausen und 1944/45 im Außenlager Lieberose, 1945/46 wieder in O. *71-75*
Margwelaschwili, Giwi (geb. 1927), 1946/47 im sowjetischen Speziallager in Sachsenhausen inhaftiert *78-81*
Meinke, Hanns (1884-1974), besuchte ab 1896 die Präparandenanstalt in Oranienburg *19/20*
Mühsam, Erich (1878-1934), wurde im KZ Oranienburg ermordet *44-46*
Müller, Inge (1925-1966) u. **Müller, Heiner** (1929-1995), lebten von 1951 bzw. 1954 bis 1959 in Lehnitz *96-101*
Mungard, Jens Emil (1885-1940), starb 1940 im KZ Sachsenhausen *66/67*
Nansen, Odd (1901-1973), norwegischer Häftling im KZ Sachsenhausen *64/65*
Niemöller, Martin (1892-1984), als „persönlicher Gefangener" Adolf Hitlers acht Jahre in nationalsozialistischen Konzentrationslagern, darunter von 1938 bis 1941 in Sachsenhausen *53-61*
Norden, Annemarie (1910-2008), in Oranienburg geboren *27*
Øverland, Ole Peter Arnulf (1889-1968), norwegischer Häftling im KZ Sachsenhausen *64*
Pollatschek, Walther (1901-1975), leitete ab 1950 das Friedrich-Wolf-Archiv in Lehnitz *102*
Rost, Nicolaas „Nico" (1896-1967), kam im April 1933 für drei Wochen ins KZ Oranienburg, lebte zu dieser Zeit in Lehnitz *34-37*
Runge, Friedlieb Ferdinand (1794-1867), lebte u. arbeitete seit 1832 in O. und starb hier auch *10-12*

Ruster, Heinrich (1884-1942), im KZ Sachsenhausen ermordet *53*

Schnog, Karl (1897-1964), war Häftling im KZ Sachsenhausen *47/48*

Seger, Gerhart (1896-1967), konnte 1933 aus dem KZ Oranienburg fliehen *41-43*

Selbmann, Fritz (1899-1975), Häftling im KZ Sachsenhausen von 1940 bis 1942 *51/52*

Sendke, Richard (1855-1934), studierte am Lehrerseminar im Schloss Oranienburg *18*

Spender, Waldemar (1931-1998), in O. geboren *102/103*

Stein, Günther (1922-1982) u. **Stein, Traute Johanna** (1926-2009), lebten u. arbeiteten viele Jahre in Lehnitz *101*

Suhrkamp, Peter (1891-1959), Verleger und Autor, 1945 im KZ Sachsenhausen *49-51*

Szczypiorski, Andrzej (1928-2000), 1944 im KZ Sachsenhausen *62/63*

Veken, Karl (1904-1971), kam 1944 ins KZ Sachsenhausen *48*

Weiss-Rüthel, Arnold (1900-1949), 1940 bis 1945 Häftling im KZ Sachsenhausen *61/62*

Welk, Ehm (1884-1966), war 1934 im KZ Oranienburg *32-34*

Wolf, Friedrich (1888-1953), lebte ab 1948 in Lehnitz, verstarb hier auch *84-95*

Roland Lampe wurde 1959 in Berlin-Weißensee geboren. Aufgewachsen ist er in Hohen Neuendorf; in Oranienburg besuchte er von 1974 bis 1978 die Erweiterte Oberschule „F. F. Runge" und legte dort das Abitur ab. Heute lebt er in Berlin-Wedding.
Regelmäßig sucht er seine „alte Heimat" auf, um über ihre Schriftsteller zu schreiben, u. a. für den „Oranienburger Generalanzeiger", die „Märkische Allgemeine" und die „Brandenburger Blätter" (Beilage der „Märkischen Oderzeitung").
Als Schriftsteller veröffentlichte er zuletzt den Roman „Seitenflügel" (2012) und die Gedichte „Gelegentliche Einfälle von Licht" (2014).
Siehe auch www.rolandlampe.de.

www.ingramcontent.com/pod-product-compliance
Lightning Source LLC
Chambersburg PA
CBHW050110230526
45470CB00004B/1760